LA CRÉATION DE LA MONNAIE UNIQUE COMMUNE AFRICAINE

Donner à la Zone de libre-échange continentale africaine (ZLÉCAf) son adjuvant monétaire

Isaac NJIEMOUN MANCHOU

LA CRÉATION DE LA MONNAIE UNIQUE COMMUNE AFRICAINE

Donner à la Zone de libre-échange continentale africaine (ZLÉCAf) son adjuvant monétaire

L'Harmattan

Du même auteur

(Entre autres)

1. Les anticipations rationnelles dans les modèles macroéconomiques, mémoire de DÉA Économétrie, université Paris 1 Panthéon-Sorbonne, 1980.

2. Pr. Dorothy Ndjeuma, Adorgloh Koffi, **Isaac Njiemoun** et autres, NEPAD (équipe d'évaluation par les pairs), Mécanisme africain d'évaluation par les pairs (MAEP), Rapport d'évaluation de la République du Mali, 2009.

3. L'Afrique est capable de relever le défi de son développement, à condition de le vouloir véritablement, in « Repenser le développement à partir de l'Afrique », ouvrage collectif sous la direction du Pr. Jean-Emmanuel Pondi, Éditions Afrédit, mai 2011.

4. Mécanisme africain d'évaluation des pairs (MAEP), Auto-évaluation africaine pour la gouvernance, République de Côte d'Ivoire, Document d'information du Secrétariat du MAEP, Domaine thématique : Gouvernance et Gestion économiques (GGE), **Isaac NJIEMOUN**, Consultant, septembre 2017.

5. L'ENDETTEMENT INTERNATIONAL

Financement d'un développement inclusif à visage humain, Éditions L'Harmattan, 2017.

5-7, rue de l'École-Polytechnique ; 75005 Paris

www.editions-harmattan.fr

ISBN : 978-2-336-48670-3
EAN : 9782336486703

Absolu, vrai et mathématique de lui-même et par sa propre nature,
le temps s'écoule également, sans relation avec rien d'extérieur…

Isaac NEWTON

Remerciements

« WHEN THE LORD OPENS A DOOR NO ONE CAN CLOSE IT »

Lorsqu'en 2002 ma famille et moi sommes en pleine traversée du désert, Delphine, une amie de la famille, vient nous rendre visite et me remet un tableau en plein milieu duquel se trouve brodé à la main, le message ci-dessus en anglais, soit en français « Quand le Seigneur ouvre une porte, personne ne peut la fermer ». C'était sa manière à elle de nous réconforter, de nous inviter à persévérer dans l'effort. Pour avoir vécu un peu à distance certes, des traquenards injustifiés dont j'étais l'objet, cette amie tenait à me rassurer, convaincue, que Dieu avait ouvert une porte devant moi, et que malgré toutes les velléités malveillantes, personne ne pouvait la fermer. Ce message est illustratif de toutes les initiatives de solidarité qui m'ont boosté le moral. Et j'ai effectivement repris courage. Si la porte est ouverte, il faut se lancer dans la quête de l'excellence, et partager le fruit de l'effort avec notre humanité.

Et sur ce chemin fort escarpé de l'effort soutenu, les encouragements des frères Patrick et Jacques Desplaces ont été d'un apport inestimable.

Dans mon précédent livre « L'endettement international /Financement d'un développement inclusif à visage humain » paru en 2017, j'ai partagé mon expérience en matière de perception et de maîtrise de l'endettement. Face aux débats abondants sur la monnaie franc CFA et à la suite de la naissance de la zone de libre-échange continentale africaine (ZLÉCAf), j'ai pensé que des impératifs étaient réunis pour la création de la monnaie unique commune africaine. Ce faisant, l'obstacle franc CFA serait derrière nous, et un stimulant formidable serait donné à la ZLÉCAf. D'où le présent ouvrage « La création de la monnaie unique africaine /Donner à la zone de libre-échange continentale africaine (ZLÉCAf) son adjuvant monétaire ». Il faut remercier et féliciter l'Union africaine (UA) pour l'avènement de la ZLÉCAf.

Je tiens ici à remercier toute ma famille, tous mes amis dont des personnels du British Council, ainsi que tous mes étudiants de l'Institut des relations internationales du Cameroun (IRIC).

Avant-propos

Avant de s'appesantir sur les aspects liés au franc CFA et à l'avènement d'une monnaie unique commune africaine, le présent livre rappelle la place fondamentale de la monnaie dans la mise en œuvre du processus de développement d'une économie. Le rôle de la monnaie a fait l'objet de nombreux débats, qui se concentrent sur deux familles de théories économiques. D'un côté, les théories dites dichotomiques, identifiant une séparation nette voire étanche entre le domaine monétaire et le domaine réel. De l'autre, les théories non dichotomiques considérées comme intégrationnistes, parce qu'elles cherchent à intégrer la monnaie dans l'analyse économique du monde réel. Un autre type de débat recherche la raison d'être de la distinction entre monnaie et crédit.

La dichotomie réel-monétaire

L'analyse dichotomique : du XVIe au XIXe siècle, presque toutes les théories sont dichotomiques. Il a donc fallu attendre le début du XXe siècle pour amorcer l'analyse non dichotomique. L'analyse dichotomique est développée par de nombreux auteurs dont la gamme va des **préclassiques** aux **néoclassiques** en passant par les **classiques**. Pour eux tous, la monnaie doit être étudiée de manière séparée, sous l'angle de la théorie quantitative. Les **préclassiques** (seconde moitié du XVIe siècle – seconde moitié du XVIIIe siècle) n'ont pas pu fonder une école préclassique ; ils sont bien représentés par Jean Bodin, fondateur de la théorie quantitative. Les **classiques** ont créé l'école classique dont les représentants vont d'Adam Smith à John Stuart Mill, entre 1770 et 1870. Cette école est essentiellement anglaise : à travers les travaux de David Ricardo surtout, a été donné un exemple d'analyse dichotomique. L'analyse réelle de la production développe la loi des débouchés de Jean-Baptiste Say, celle des prix relatifs étant tributaire de l'hypothèse de la valeur-travail héritée de Smith ; l'analyse monétaire quant à elle, explique le niveau général des prix au moyen de la théorie quantitative et de l'hypothèse d'une variation exogène de la quantité de monnaie en circulation. Il s'agit selon cette approche, d'une variation indépendante des besoins de la production. Le principe d'utilité marginale est totalement approuvé par les **classiques** : ce principe, découvert en 1854 par Gossen, est propagé dès 1870 par Walras, Jevons et Menger. Ces trois fondateurs du marginalisme, pratiquent (à l'exception de Jevons) une analyse monétaire toujours nettement distincte de l'analyse réelle. À leur suite, Fisher et Marshall vont donner davantage de place à la monnaie, tout en restant cependant dans les limites de l'analyse dichotomique. On note une différence avec les « néo quantitativistes » que sont les monétaristes dont le chef de file est Milton Friedman : ces monétaristes vont donc établir des liaisons entre la sphère réelle et la sphère monétaire, en maintenant cependant deux types d'hypothèses ; il s'agit des hypothèses d'exogénéité de l'offre de monnaie et d'homogénéité de la demande par rapport aux prix et aux revenus.

L'analyse non dichotomique : l'analyse non dichotomique est la résultante d'une contestation de la théorie quantitative et de la séparation stricte qu'elle établit entre sphère monétaire et sphère réelle. Le poids de John Maynard Keynes y sera déterminant, avec la publication en 1930 de son **Traité de la monnaie**, ouvrage de grande portée prenant sans détour le contrepied de la théorie quantitative de la monnaie. Keynes mettra l'accent sur l'inflation : pour lui, la quantité de monnaie en circulation n'est pas source d'inflation, mais c'est plutôt la formation même du revenu global. D'où les équations fondamentales proposées par Keynes, qui sont appelées à se substituer aux équations fortement quantitativistes de Fisher ou de Pigou. À l'instar de Ricardo qui avait dominé l'analyse dichotomique au XIXe siècle, Keynes domine l'analyse non dichotomique au XXe siècle. À la suite de Keynes, l'analyse dichotomique fait l'unanimité auprès de tous les économistes postkeynésiens ou marxistes, et de plus en plus d'économistes néoclassiques. Tous ces économistes se sont habitués à intégrer sphère réelle et sphère financière, dont ils exploitent à des fins d'analyse, les interactions dans les modèles macroéconomiques.

La distinction monnaie-crédit

Avec le temps, l'importance de la distinction entre monnaie et crédit s'est atténuée, mais sa portée mérite d'être prise en considération de nos jours.

L'importance de la distinction dans le passé : dans un ouvrage [1]paru en 1938, Charles Rist déplore le préjudice que cause la confusion entre le crédit et la monnaie au XVIIIe siècle. Une illustration de cette confusion malencontreuse est donnée par la faillite du banquier écossais Law, pour avoir prétendu faire jouer au billet convertible, par nature un instrument de crédit, le rôle d'un billet inconvertible qui pourtant n'est qu'un simple instrument monétaire. La même confusion est constatée chez Ricardo, prenant pour monnaie la monnaie métallique et le papier-monnaie (ce qui est acceptable), mais également les billets inconvertibles (ce qui est contestable). Certes, le papier inconvertible est une **monnaie**, mais le billet de banque convertible est un instrument de crédit. Ainsi se trouve clarifiée la nécessité de la distinction : l'émission des instruments monétaires doit être strictement réglementée pour **éviter l'inflation** ; il ne saurait en être de même pour les instruments de crédit, car leur émission devrait simplement correspondre aux besoins de financement de l'économie.

Il convient ici de bien comprendre que les instruments monétaires peuvent être injectés à tout moment dans l'économie, alors que les instruments de crédit mettent plus de temps, par le biais des projets financés, pour être « transformés » en monnaie.

La portée actuelle de la distinction : sous la poussée de l'évolution, le billet convertible a disparu. Mais dans l'ensemble des actifs financiers existants de nos jours, certains sont davantage des instruments de crédit (ou de financement) et d'autres des instruments de paiement. Mais tous sont comptabilisés dans les agrégats monétaires. À titre d'exemple, du fait de la désintermédiation du marché monétaire (réforme de 1985-1986), le billet de trésorerie en France est beaucoup plus un instrument de financement qu'un instrument de paiement. Il va sans dire que si la confusion décrite dans les lignes précédentes prévaut, elle aura pour conséquence la restriction de l'émission du type d'actifs instruments de crédit, ce qui compromettrait le financement de l'économie ; il ne permettrait pas non plus d'engranger quelque bénéfice dans l'appui de la politique de lutte contre l'inflation. En effet, l'émission de billets de trésorerie ne constitue aucun risque inflationniste.

---

[1] Charles Rist, Histoire des doctrines relatives au crédit et à la monnaie depuis John Law jusqu'à nos jours, Paris, Librairie du Recueil Sirey, 1938 ;

Ne pas confondre monnaie et crédit reste d'actualité. Bernard Schmitt[2] , un des théoriciens les plus fervents de cette nécessité, va plus loin en proposant une autre définition de la monnaie. Selon cette nouvelle définition, la monnaie ne se forme pas entre la banque et l'entreprise, mais entre celle-ci et son salarié. Elle n'est pas un moyen de financement, qui serait créé par les banques pour les entreprises, mais un moyen de paiement destiné en premier à payer les salariés. Bernard Schmitt écrit : « L'origine de la confusion est dans une mauvaise conception de la création monétaire opérée par les banques (…). La monnaie n'est jamais émise dans une opération de crédit, elle résulte toujours de l'activité productive de l'économie et, plus précisément, du travail humain dépensé (p. 572) ».

Pendant des décennies, les péripéties du franc CFA ont rythmé les évolutions de nombreux pays africains devenus indépendants et regroupés au sein de la zone franc. Avec une certaine intensité, des voix africaines se sont élevées pour mentionner et décrier l'impact désormais devenu négatif sur le développement de ces pays, malgré des réformes jugées plutôt cosmétiques. Pour beaucoup, le franc CFA devrait disparaître tant dans la forme que dans le fond. Les travaux développés dans le présent livre suggèrent d'aller au-delà du sort de la zone franc pour se préoccuper de l'ensemble du continent africain, qui vient de faire un saut qualitatif sur le chemin de son intégration, avec le lancement de sa zone de libre-échange continentale africaine.

Prenant à cœur la nécessité pour l'Afrique, ce continent si riche et si complexe, de s'assumer sur le chemin de son développement, nous invitons à plus d'ambition et de courage, afin de consolider la mise en œuvre du projet de zone de libre-échange continentale africaine (ZLÉCAf). Cette zone naissante a besoin de s'appuyer sur le roc que devrait constituer la monnaie unique africaine commune effective. La présente production est une suite logique à notre contribution antérieure apportée dans la rédaction du livre collectif « Repenser le développement à partir de l'Afrique » paru en mai 2011 ; elle vient aussi revigorer en le prolongeant, le contenu de notre précédent ouvrage publié en 2017 sous le titre fort interpellatif « L'endettement international, Financement d'un développement inclusif à visage humain ». Il est encourageant de relever que dans son Acte constitutif

[2] Bernard Schmitt, Inflation, chômage et malformation du capital, Albeuve Paris, Castella-Economica, 1984 ;

du 11 juillet 2000, l'Union africaine prévoit en son article 19, la mise en place de trois grandes institutions financières, à savoir (a) la Banque centrale africaine, (b) le Fonds monétaire africain et (c) la Banque africaine d'Investissement.

Introduction

Le concept de la monnaie est expliqué le plus simplement possible par la formulation suivante : « Bien demandé par tous, pour répondre au besoin d'échange des produits. Sans monnaie, il est nécessaire de procéder au troc, c'est-à-dire à l'échange direct d'un produit contre un autre, ce qui est souvent impossible. Pièce de métal à l'origine (souvent d'or), la monnaie s'est largement dématérialisée, et le mot regroupe aujourd'hui un ensemble d'instruments financiers »[3].

La théorie de la monnaie[4] nous enseigne qu'il existe une similitude entre l'organisation sociale et son évolution d'une part, et les processus de création, de circulation et de contrôle de la monnaie, d'autre part. La complexité de plus en plus prononcée de l'organisation de la société a conduit à l'apparition de phénomènes monétaires, car du fait de cette complexité, il devenait impossible d'assurer les échanges par un troc. Des exemples fournis par la dernière guerre mondiale ont permis de relever l'accord des différents agents économiques sur un instrument de mesure des valeurs : cet instrument sert à la fois de réserve de pouvoir d'achat et d'intermédiaire privilégié des échanges. Au fil du temps, un élément important est apparu dans l'analyse des problèmes monétaires : il s'agit de la dématérialisation croissante des signes monétaires, dans le sillage de la complexité de l'organisation sociale, nationale et internationale. Dans la chevauchée évolutive de la monnaie, un certain affrontement s'est installé entre le pouvoir sous ses formes multiples et les banques privées, aux fins de contrôle de cet instrument-monnaie, déterminant au déploiement de l'activité économique.

La monnaie joue un rôle transversal dans les activités économiques, en ce sens qu'elle constitue tout ce qui peut être accepté pour le paiement de biens et services, de même que le remboursement des dettes. Elle est très sensible aux fluctuations des variables économiques majeures que sont l'inflation, le chômage et la croissance économique. Sur un plan général, il existe plusieurs sortes de monnaie, notamment la monnaie de base et la monnaie bancaire. La monnaie de base est constituée de l'ensemble des réserves des banques

---

[3] Dictionnaire de l'économie, sous la direction de Pierre Bezbakh et Sophie Gherardi, Larousse/Le Monde, Larousse/HER 2000.
[4]CENECO, Dixeco des économistes, 1ère édition, 1992, Dunod, Paris.

commerciales déposées auprès de la Banque centrale, encore appelée « Banque des banques ». Elle a pour rôle de servir de monnaie d'échange entre banques et de garantie théorique à la monnaie bancaire.

La monnaie bancaire quant à elle constitue toute la monnaie que nous utilisons tous les jours sous forme de montants de monnaie que les banques créent chaque fois qu'elles accordent un prêt ou un crédit, un découvert, ou effectuent une dépense ; la monnaie bancaire comprend aussi l'argent matériel (ou « monnaie fiduciaire ») fabriqué par les Banques centrales nationales généralement, ainsi que l'argent immatériel (ou « monnaie scripturale »). La proportion de la monnaie fiduciaire par rapport à l'ensemble de la monnaie en circulation est de l'ordre de 5%, variable selon les pays et les périodes. Les 95% restants sont constitués de la carte bancaire, des chèques, des virements et des prélèvements automatiques.

PREMIÈRE PARTIE

LA MONNAIE ET SES CARACTÉRISTIQUES

Chapitre 1

La définition de la monnaie

Depuis Aristote[5], la monnaie se définit à travers trois fonctions qui lui sont reconnues : intermédiaire des échanges, unité de compte, réserve de pouvoir d'achat. Sur le plan de la pensée, pendant des siècles, monnaie et économie ont été des domaines distincts de savoir. Aristote va opposer la pécuniative, encore appelée la chrématistique, c'est-à-dire l'art d'acquérir la monnaie, à l'économique ou l'art d'acquérir les biens ou services nécessaire à l'Homme. Or pour acquérir ces biens et services, on a besoin de la monnaie. Prenant cette exigence en considération, Aristote va faire la distinction entre la pécuniative nécessaire (qu'il identifie à l'économique), et la pécuniative non nécessaire (ou l'art d'acquérir l'argent pour lui-même) ; la pécuniative non nécessaire se rencontre en l'occurrence dans les opérations de change des monnaies ou de prêt à intérêt. Cette manière d'acquérir la monnaie est un art immoral, qui fait prendre pour fin ce qui devrait être plutôt moyen.

1.1. La monnaie instrument d'intermédiation des échanges : Par rapport aux autres fonctions de la monnaie, celle d'intermédiaire est primordiale, selon les économistes classiques[6] : se substituant à l'échange par troc, la monnaie facilite le développement de l'économie marchande. Ce qui fait de la monnaie une marchandise privilégiée acceptée par tous. Pour l'économiste François PERROUX[7] « La monnaie est un instrument de paiement indéterminé (elle éteint n'importe quelle dette et permet d'acquérir n'importe quel bien), général (elle est acceptée en tout lieu et par tous), immédiat (sa remise règle la dette sans autre formalité ».

---

[5] Aristote, 384-322 avant Jésus-Christ.

[6] Économistes classiques : adeptes d'un courant de pensée du début du XIXe siècle.

[7] Jacques-Henri DAVID, Philippe JAFFRÉ, 1996 « La monnaie et la politique monétaire », éditions ÉCONOMICA, Paris.

1.2. La monnaie unité de compte : Pour les économistes modernes, la fonction d'unité de compte est fondamentale ; la monnaie dans sa capacité d'instrument de calcul, permet entre autres la quantification des obligations sociales. Pour ces économistes, avant d'être un intermédiaire des échanges, la monnaie est en priorité un facteur de pacification des sociétés humaines, dont elle permet à chaque membre de disposer d'une connaissance parfaite de ses droits et obligations. Pour Aristote qui met l'accent sur l'aspect économique, la monnaie constitue un voile qui conduit à la théorie quantitative de la monnaie. Cette idée sera davantage développée par Jean-Baptiste Say (1767-1832), reprenant une des idées-clés des classiques et des néo-classiques : la neutralité de la monnaie. Selon ce courant de pensée, la monnaie n'est pas désirée pour elle-même. D'où la notion de monnaie-voile, illustrée par l'exemple du fermier qui « achètera d'autant plus qu'il aura produit davantage. Il ne peut rien acheter s'il ne produit rien ». Dans ce sens, on considère qu'en réalité, « les produits achètent des produits ». C'est ainsi qu'un accroissement de la quantité de la monnaie aura pour conséquence une variation du niveau général des prix, sans pour autant affecter le rapport d'échange entre deux biens considérés isolément. Un rapprochement entre l'aspect économique et l'aspect social, montre que la fonction marchande de la monnaie revêt une suprématie par rapport à sa fonction sociale.

Par ailleurs, la monnaie unité de compte permet de refléter l'importance attachée à la stabilité de la monnaie, qui constitue un antidote efficace aux tensions sociales. Dans le cadre de la politique monétaire, la prise en compte de cette stabilité est indispensable pour une meilleure organisation de la vie en société.

1.3. La monnaie réserve de pouvoir d'achat : En théorisant la fonction d'unité de compte de la monnaie, Walras démontre qu'à travers la cohésion sociale, la monnaie assure la cohérence du système des prix relatifs des biens susceptibles d'être échangés.

Par rapport au pouvoir d'achat, la stabilité de l'unité de compte est une condition nécessaire au bon fonctionnement du système de prix relatifs. Le XIXème siècle est historiquement considéré comme une période de grande stabilité monétaire ; mais quelle que soit la période, la stabilité du niveau général des prix n'a jamais été totalement assurée ; d'où la persistance de l'inflation, face à laquelle la monnaie joue de plus en plus son rôle de réserve de pouvoir d'achat. Cet état de chose incite l'instinct des agents économiques, notamment les ménages, à rechercher l'efficacité de l'échange marchand en recourant à la thésaurisation ; il faut relever pour s'en féliciter, l'impact du développement des opérations bancaires et financières sur le public : celui-ci a bénéficié d'une gamme d'instruments de placement, qui viennent au secours de la monnaie dans sa fonction de réserve de pouvoir d'achat.

1.4. Les autres considérations utiles à la compréhension du rôle indispensable de la monnaie : celle-ci va évoluer de la monnaie neutre au renouveau de la théorie quantitative de la monnaie en passant par son rôle actif.

1.4.1. La monnaie intermédiaire des échanges neutre : La suspicion de faire intervenir l'intérêt au titre du prêt heurte la nature neutre de la monnaie observée jusqu'à la fin du moyen-âge ; pour Saint Bonaventure, « l'usure c'est l'injustice sous le voile du contrat ». De plus en plus, on observe le passage d'une société économique fondée sur la notion Marchandise-Agent-Marchandise (MAM) à la notion AMA (Argent-Marchandise-Agent). La conséquence de cette évolution, c'est que l'accumulation de la monnaie devient une fin en soi et non plus un simple moyen d'acquisition d'autres biens. L'analyse de l'économiste Jean Bodin débouche sur la conclusion essentielle selon laquelle « la hausse des prix est liée à l'augmentation de la monnaie en circulation ». D'où la théorie quantitative de la monnaie.

(i) La théorie quantitative de la monnaie : La « théorie quantitative de la monnaie » a été initiée par Copernic et Bodin au XVe siècle, puis finalisée au début du XIXe siècle par Ricardo. La règle de base comporte trois éléments simples : (a) la quantité de monnaie en circulation régule le niveau général des prix ; (b) il s'en suit que les relations entre quantité de monnaie et variations des prix sont strictement proportionnelles ; (c) de même, puisque c'est la quantité de monnaie en circulation qui régule le niveau des prix, il suffit aux autorités monétaires en charge de l'émission de monnaie de contrôler en même temps les prix. C'est cette théorie qui va donner son importance au régime de l'étalon-or, dans lequel l'or joue un rôle prépondérant dans la société libérale du XIXe siècle.

À l'épreuve des faits, les avis divergent quant à la fiabilité de la théorie quantitative de la monnaie. Quant à la souveraineté de l'or, elle a soutenu et renforcé une grande stabilité des prix et donné lieu à l'élargissement des courants commerciaux ; elle a aussi permis le développement des prêts internationaux destinés notamment au financement de l'équipement des pays neufs à l'instar des États-Unis d'Amérique.

(ii) La « monnaie voile » chez les auteurs libéraux classiques : Nous devons à Jean-Baptiste Say la notion de « monnaie voile » ; elle exprime l'idée selon laquelle la monnaie ne joue aucun rôle dans l'origine de la richesse ; la monnaie n'est donc qu'un voile qui nous cache la réalité économique. Ce sont les produits eux-mêmes qui constituent la véritable monnaie. D'où cette affirmation de Jean-Baptiste Say : « L'argent ne remplit qu'un office passager et les échanges terminés, il se trouve qu'on a payé des produits avec d'autres produits ». À l'instar des autres libéraux de son époque, il reconnaît que la véritable richesse doit être recherchée dans la terre (physiocrates), le travail (Adam Smith), ou la production (Jean-Baptiste Say). Cette manière de considérer la monnaie prend le contre-pied des mercantilistes qui comme Law reconnaissent à la monnaie un rôle primordial. Il en résulte une autre théorie, dite de la « monnaie marchandise », selon laquelle (a) la monnaie n'a pas d'autre valeur que celle du métal précieux dont elle est constituée ; (b) n'étant qu'une marchandise, elle est soumise aux mêmes lois économiques que toutes les autres marchandises ; (c) la quantité de la monnaie en circulation s'adapte de manière automatique au volume des échanges, sous l'effet de la théorie quantitative de la monnaie.

Il faut relever un certain paradoxe dans l'analyse de la monnaie par les libéraux : classer la monnaie, « marchandise » comme une autre, mais par ailleurs, chercher à préserver les mécanismes économiques de toute perturbation extérieure, requiert une monnaie à la fois très sûre et très stable. D'où l'attachement des libéraux à un régime économique au sein duquel l'or joue un rôle primordial. La monnaie ne serait finalement **rien**, mais elle serait aussi **tout**.

(iii) La théorie socialiste de la monnaie : Les pays socialistes sont une illustration des pays où la monnaie est effectivement un instrument des échanges. Pour les économistes soviétiques, la conception de la monnaie se définit sur la base de deux grands principes : (a) la valeur des biens et des services produits est constituée par l'accumulation du travail incorporé. Sur le plan monétaire, ce travail n'est alors qu'un moyen commode d'identification de la valeur ; (b) au niveau de la collectivité, l'appropriation des moyens de production est un des principes fondamentaux de toute économie socialiste ; dès lors, la monnaie en termes de pouvoir d'achat ne serait pas favorable à l'acquisition des biens de production. Il en résulte en régime socialiste que la monnaie remplit quatre fonctions : une fonction de norme des valeurs ; la monnaie est un moyen de paiement ; la monnaie facilite les échanges ; la monnaie est un moyen d'accumulation d'épargne.

1.4.2. Le rôle actif de la monnaie : Selon l'approche classique, il existe d'une part une théorie de la production, et d'autre part une théorie de la monnaie. L'approche contemporaine va rechercher la fusion de ces deux théories, afin de les intégrer dans une seule. L'économiste suédois Wicksell va en prendre l'initiative : il va intégrer la valeur « monnaie » dans le processus de production, ce qui débouche sur une conception nouvelle de l'équilibre monétaire. Ainsi, par le biais des taux d'intérêt, la monnaie joue un rôle sur le volume des investissements, et par ricochet sur le volume des revenus distribués, de la demande pour la consommation et finalement sur la production ; de plus, la monnaie constitue le fondement des spéculations relatives au futur, en même temps qu'elle introduit des phénomènes de perturbation et de déséquilibre cumulatifs. Il revient aux banquiers d'œuvrer pour le maintien de l'équilibre général. À la réflexion, l'intuition de Wicksell permet de conclure que l'équilibre économique est tributaire de l'égalité entre l'expansion technique et l'expansion du crédit.

Par rapport aux classiques, qui considèrent la monnaie à la fois comme « tout » (théorie quantitative) et « rien » (monnaie voile), Wicksell inscrit la monnaie au cœur de l'économie, la monnaie perdant sa souveraineté : (i) la monnaie cesse d'être l'élément moteur de l'économie, pour en devenir l'élément second ; contrairement aux idées antérieures, la circulation de la monnaie est plus souple, elle relève de la décision des investisseurs. À partir de là, l'on portera davantage intérêt sur le progrès économique plutôt que sur la production des mines d'or ; (ii) la monnaie perd sa neutralité, pour la simple raison que loin d'être automatique comme par le passé, l'équilibre économique est conditionné par l'équilibre monétaire. En s'appuyant sur le jeu de l'intérêt, la monnaie devient capable de modifier la demande et l'offre de capitaux. La monnaie joue de ce fait un rôle actif et s'intègre dans l'activité économique générale, dont elle devient l'élément central.

1.4.3. Le renouveau de la théorie quantitative de la monnaie : L'économiste John Maynard Keynes (1883-1946) s'est élevé contre la théorie quantitative de la monnaie. Des économistes, notamment Milton Friedman et Don Patinkin, se réclamant des conceptions traditionnalistes, vont réagir. Don Patinkin cherche à réhabiliter la théorie quantitative de la monnaie en s'appuyant sur la notion de liquidité. La liquidité est comprise au sens large : monnaie proprement dite, titres à court, moyen et long terme, actions, obligations, etc. Les comportements des agents économiques varient en fonction des différentes formes de liquidité ; de même, la notion de rendement escompté sera différente selon la maturité du placement (court, moyen ou long terme). De plus, en cas de modification de la préférence pour la liquidité, l'impact est perceptible au niveau des marchés de l'argent, notamment sur le placement en titres ou la liquidation des créances ; le marché des biens et services se trouve également affecté au travers par exemple de la fuite de la consommation.

En actualisant la théorie quantitative de la monnaie, Milton Friedman met au cœur des phénomènes monétaires les problèmes de vitesse et de circulation de la monnaie.

Il reprend la formule classique $M \times V = Q \times P$

Où M= masse monétaire

V= vitesse de circulation de la monnaie

Q= quantité des biens et services offerts

P= prix de ces biens et services

Friedman fait la distinction entre la monnaie fiduciaire (MF) et la monnaie scripturale (MS). Il fait le constat que la vitesse de circulation de la monnaie, en d'autres termes le nombre de fois où un signe monétaire circule (change de mains) pendant une période diffère selon le type de monnaie. Ainsi se trouve exposée la relation entre les processus inflationnistes et les politiques de création et de contrôle de la masse monétaire d'une part, et les comportements des agents économiques d'autre part.

L'économiste Jean Denizet va critiquer cette conception : pour lui, l'augmentation de la monnaie scripturale rend les banquiers dépendants de la demande de monnaie, elle-même fonction de l'évolution des prix. La cause de l'inflation est, pour J. Denizet, dans l'évolution des coûts : elle ne peut de ce fait, pas être combattue par des mesures strictement monétaires.

1.4.4. Le cercle vertueux de la monnaie forte[8] : Cette expression, familière aux économistes, exalte pour un pays donné, tous effets positifs que génère la possession d'une monnaie forte. De prime abord, on croit qu'une monnaie forte est un handicap économique pour un pays du fait du renchérissement conséquent des produits nationaux à l'étranger, ce qui compromet les exportations de ce pays. Certains pays recourent par contrainte, à la dévaluation de leur monnaie, afin de booster les exportations.

La théorie économique nous enseigne que la dépréciation de la monnaie produit deux effets sur la balance commerciale : les prix des importations, exprimés en monnaie nationale, augmentent, alors que ceux des exportations, exprimés en devises étrangères, baissent. D'où un double mouvement au niveau de la balance commerciale : (i) à court terme, la balance commerciale est négative ; il faut payer dans l'immédiat des importations plus coûteuses au moment où les acheteurs étrangers n'ont pas encore pris conscience que les exportations qui leur sont destinées ont vu leurs prix baisser. La balance commerciale pâtit du délai de réponse ; (ii) à moyen terme, la balance commerciale va se redresser : le pays importe moins de produits étrangers alors devenus trop chers, les exportations étant améliorées. En général, le redressement intervient assez rapidement, ses effets viennent compenser la dégradation initiale. En définitive, il est possible de déboucher sur un renforcement de la position économique internationale du pays objet d'analyse.

Les deux effets (i) et (ii) donnent lieu à un enchaînement automatique, que les économistes désignent par l'appellation « Courbe en J ». Cette courbe est obtenue lorsqu'on procède à une représentation graphique dans le plan, avec en abscisse le temps et la balance commerciale (solde) en ordonnée. La courbe J (majuscule) inspire de nombreuses politiques économiques, notamment en France (Plan Rueff de 1958-1959 ; les dévaluations du gouvernement Mauroy en 1981-1983) et aux États-Unis d'Amérique (USA) depuis 1985 (on laisse baisser le dollar afin de redresser, à tout prix, le déficit commercial).

---

[8] Michel Albert, Capitalisme contre Capitalisme, Collection Histoire immédiate, Éditions du Seuil, 1991.

Ainsi construite et exploitée, la dépréciation monétaire, par magie ou par miracle, semble dotée de toutes les vertus.

Mais cette construction attrayante s'est, au fil du temps, confrontée à l'épreuve des faits et même à la critique théorique. Des exemples contrastés donnent à réfléchir : deux pays à monnaie forte (Allemagne avant la réunification, Japon), affichent des excédents commerciaux ; malgré de multiples dévaluations, la France et l'Italie (avant l'avènement de l'euro) rencontrent des difficultés à rétablir leur solde commercial dans la durée ; les USA, en dépit de la baisse régulière du dollar, ne parviennent toujours pas à redresser leurs échanges extérieurs.

De tout ce qui précède, il ressort que l'évolution des formes et du rôle de la monnaie appelle quelques développements approfondis de la nature et du rôle de la monnaie :

(a) À l'évidence, dans son rôle d'outil devant faciliter les échanges, la monnaie connaît au travers des évolutions technologiques et comportementales, une dématérialisation du stade de troc à celui de monnaie électronique.

(b) Les conséquences de cette évolution fulgurante sont entre autres une extension de son application et une complexification croissante de ses circuits et de son système de contrôle. De plus, préalablement aux échanges physiques, la circulation monétaire s'est mondialisée.

(c) Les rythmes de croissance et d'ouverture des marchés physiques et des marchés monétaires affichent une différence favorable à l'autonomie des marchés monétaires par rapport à l'activité économique réelle ; elle participe également de l'affirmation du poids du pouvoir monétaire sur l'économie mondiale.

Chapitre 2

Les caractéristiques de la monnaie

Au vu de l'histoire, des analyses théoriques et des expériences pratiques, la monnaie se caractérise au travers de ses fonctions par les rôles qu'elle joue dans l'économie et la vie de l'humanité.

2.1. La forme de la monnaie : un certain nombre de caractéristiques de la monnaie relèvent de sa forme. Au gré du temps et des événements, la monnaie a revêtu diverses formes, notamment : bœuf, sel, nacre, ambre, métal, papier, coquillage. l'or et l'argent ont connu une longue période de règne. Notre actualité est dominée par une véritable déferlante d'idées-imaginations quant à la forme de la monnaie : tout tend vers plus de dématérialisation. Prenons l'exemple des métaux précieux, matière dans laquelle est « fabriquée » la monnaie. Les pièces de monnaie, pour être facilement acceptées lors d'un échange, doivent :

(i) être décoratives : elles sont désirées par les agents économiques pour leur utilité intrinsèque ;

(ii)être facilement divisibles : il existe plusieurs valeurs de pièces, ce qui facilite les transactions au niveau des échanges ;

(iii) se conserver dans la durée et ne pas être encombrantes, car compatibles avec le porte-monnaie.

La fonction d'unité de compte depuis plus de 3000 ans : « les pièces de monnaie, petits lingots frappés du sceau d'un temple ou d'un roi qui en atteste le poids et donc la valeur, apparurent vers le 7ème siècle avant Jésus-Christ, dans les cités grecques d'Ionie et dans le royaume des Sardes en Lydie. La fonction d'unité de compte existait depuis plus de 3 000 ans ! »[9].

[9] Jacques-Henri DAVID, Philippe JAFFRÉ, La monnaie et la politique monétaire, Éditions Economica, 1990, Paris, P. 16.

2.2. La fonctionnalité de la monnaie : en approfondissant les trois fonctions essentielles qu'il lui reconnaît au chapitre précédent, Aristote attribue à la monnaie quatre caractéristiques.

2.2.1. La monnaie doit être durable : elle doit réussir le test du temps et des événements ; elle ne doit donc ni s'abîmer, ni rouiller, ni changer au cours du temps ;

2.2.2. La monnaie doit être portable : une bonne monnaie doit contenir une quantité suffisante de « valeurs » en corrélation avec son poids et sa taille ;

2.2.3. La monnaie doit être divisible : une monnaie doit en cas de nécessité être séparée et recombinée sans pour autant affecter ses attributs fondamentaux. Par extension, elle doit en d'autres termes être « fongible », c'est-à-dire « librement échangeable », en tout ou partie, pour une valeur autre de même nature ou similaire ;

2.2.4. La monnaie doit revêtir une valeur intrinsèque : la valeur de la monnaie, ainsi définie, doit être indépendante de tout autre objet et contenue dans la monnaie elle-même, y compris sa rareté. L'abondance de la monnaie, au détriment de sa rareté, rend celle-ci vulgaire et insuffisante pour rétribuer véritablement l'effort et la persévérance.

En plus des caractéristiques ci-dessus, il faut relever la pertinence de trois autres facteurs que sont : les aspects légaux de l'usage de la monnaie (la loi stipule le cours légal de la monnaie, celle-ci est acceptée par les agents économiques en règlement d'un achat, d'une prestation de service ou d'une dette), ce qui fait de la monnaie une véritable institution constitutionnelle , avec référence à un territoire marchand, sous la forme d'un marché national ; la confiance dont jouit la monnaie auprès des utilisateurs (cette confiance est fondée sur la persistance de la valeur de la monnaie et sa capacité au titre de moyen d'échange) : la monnaie se trouve ainsi revêtue de dimensions multiples, à la fois sociales, politiques, psychologiques, juridiques et économiques ; chaque monnaie porte un nom (devise), qui induit un statut en termes d'importance pour le pays ou la zone monétaire dont elle relève. La devise devient par définition et par construction, un indicateur de pouvoir monétaire pour le pays et un symbole de sa puissance : « La monnaie est avant tout un instrument de pouvoir[10] ».

---

[10] J.Y. HABERER, 1979, Cours de Droit, chapitre IV La demande et l'offre de monnaie.

Il convient de mentionner que du fait de son importance, la monnaie a de tout temps fait l'objet d'une attention particulière aux fins d'une utilisation plus efficace, plus efficiente et plus sécurisée : le processus de sa dématérialisation se trouve aujourd'hui accéléré par l'expansion spectaculaire des technologies de l'information et de la communication (TIC). Ces enjambées « révolutionnaires » pourraient faciliter la lutte contre le blanchiment d'argent et autres détournements de fonds, véritables gangrènes pour le développement économique, particulièrement au niveau des pays pauvres. Ceux-ci se trouvent en conséquence fortement interpellés dans la définition et la mise en œuvre d'une politique monétaire appropriée.

DEUXIÈME PARTIE

LA POLITIQUE MONÉTAIRE

Dans la première partie de ce livre, nous avons pu, au travers de sa définition et de ses caractéristiques, cerner le rôle indispensable de la monnaie au sein d'une économie. Du fait de son acceptation par la société, la monnaie est, en tant qu'instrument de paiement de biens ou de services, ou instrument de remboursement de dettes, un facteur important de développement d'un pays. La monnaie est liée aux changements des variables économiques les plus importantes que sont l'inflation, le chômage, les crises et la croissance. À titre d'illustration[11], considérons deux économies, celle de la France (1993-2004), celle des États-Unis d'Amérique sur la période 1992-2003. S'agissant de la France : la production totale des biens et services (PNB) enregistre une baisse pour la première fois depuis 1974, année qui marque la fin des « Trente Glorieuses » (1945-1975) ; le taux de chômage, défini comme le pourcentage de la force de travail sans emploi, dépasse 10% ; la récession va durer jusqu'en 1996. Ce pays connaît une croissance économique rapide entre 1997 et 2004, période sur laquelle le taux de chômage passe de 12% à 9%. Cette période d'expansion prend fin en 2001, la croissance reste faible depuis 2004 et le chômage n'arrive pas à descendre en -dessous de 9%. Concernant les États-Unis d'Amérique, ils connaissent la période la plus longue d'expansion d'après-guerre ; celle-ci se traduit par près de dix années de croissance rapide entre 1992 et 2001, avec un taux de chômage inférieur à 4%. Après un léger recul entre 2001 et 2003, la croissance a repris et le chômage est resté faible.

À travers ces deux exemples, il faut relever que les phases d'expansion et de récession alternées, résultent de l'effet de la monnaie, dont le rôle est primordial dans la formation des fluctuations économiques, donnant lieu à des mouvements de hausse et de baisse du PNB et du chômage. Dans le cas spécifique des États-Unis d'Amérique, une analyse attentive des données monétaires sur la période 1950-2005, fait apparaître l'impact perceptible de la grande stabilité de l'organisation monétaire sur les agrégats économiques, ce qui reflète les évolutions du taux de croissance de la quantité de la monnaie. Il apparaît notamment que (i) les zones de récession correspondent aux périodes de déclin de la production totale, corrélativement à la baisse du taux de croissance de la quantité de monnaie avant chaque récession ; (ii) cette

[11] Frederic Miskin, « Monnaie, Banque et Marchés financiers », Nouveaux Horizons, 8è édition, 2007.

analyse permet de conclure que le rôle des variations de la quantité de la monnaie est important dans les fluctuations des agrégats économiques ; (iii) l'observation attentive des différentes données monétaires montre également que toutes les baisses du taux de croissance de la quantité de monnaie ne donnent pas naissance à la récession.

Ces exemples traduisent l'importance de la politique monétaire. Cette politique, une des composantes stratégiques de l'ensemble des politiques d'un pays, doit bénéficier de la plus haute attention des autorités et de tous les agents économiques, dans sa définition et sa mise en œuvre. En effet, la monnaie, la défense nationale et la justice constituent ce qu'il convient d'appeler le « triangle de souveraineté ».

Chapitre 3

La création de la monnaie et l'octroi de crédits

La monnaie, par son rôle primordial, est recherchée par tous les agents économiques. D'où les questions pertinentes relatives à la création de la monnaie, sa gestion et les mécanismes de sa mise à disposition aux agents économiques.

3.1. La création monétaire par les banques commerciales et la Banque centrale : Avec le temps, les raisons pour lesquelles la monnaie est demandée par les agents économiques ont évolué. La théorie keynésienne a supplanté l'approche des économistes classiques :

(i) pour les économistes classiques, la monnaie étant considérée comme « un voile », il n'existe pas d'illusion monétaire, c'est-à-dire que les agents économiques ne demandent pas la monnaie pour elle-même, mais uniquement comme instrument intermédiaire d'échange, pour ce qu'elle permet d'acquérir. Dans sa « Théorie de la monnaie, 1883 », Walras considère que « le besoin que l'on a de la monnaie n'est autre chose que le besoin de marchandise qu'on achètera avec cette monnaie ». Cette affirmation est l'illustration parfaite, pour les économistes classiques, que la monnaie assume une fonction purement transactionnelle. En conséquence, le taux d'intérêt, déterminé par la confrontation entre la demande d'investissement et l'offre d'épargne exprimé en termes réels, n'exerce aucune influence sur la demande de monnaie. Il est important aussi de rappeler la fameuse équation (déjà indiquée au chapitre 1), établie par Irving Fisher dans son ouvrage « The purchasing power of money, 1907 ». Il s'agit de l'équation quantitative de la monnaie $M*V = P*Q$ avec M = la masse monétaire, P = le niveau des prix, Q = les transactions et V = la vitesse de circulation de la monnaie ; en régime d'équilibre, cette vitesse est stable. Pour Fisher, la vitesse de circulation de la monnaie est une fonction des facteurs structurels et du volume des transactions en valeur réelle. Par facteurs structurels, il faut comprendre les habitudes et les goûts des agents économiques, les techniques de paiement pratiquées. Le volume des transactions en valeur réelle constitue la source des économies d'échelle ; par ailleurs, le volume des moyens de paiement croît moins vite que la richesse, ce qui accroît de manière mécanique la vitesse de circulation de la monnaie : l'élasticité de la monnaie par rapport aux transactions est inférieure à l'unité ;

(ii) à la suite d'un nouveau paradigme, John Maynard Keynes (« une hérésie fondatrice »), la perception de la demande de monnaie sera complètement transformée : prenant le contre-pied des économistes classiques, Keynes va admettre l'illusion monétaire ; en conséquence, la demande de monnaie va aussi dépendre du taux d'intérêt, l'économie peut être durablement en situation de sous-emploi des facteurs. Par rapport à l'épargne, Keynes innove dans l'analyse du marché des biens et services : l'épargne ne se détermine plus sur la base de son utilité marginale, elle n'est plus une fonction du taux d'intérêt, mais elle devient une fonction du revenu. D'où, avec l'introduction du multiplicateur, k, l'équation E = kY, avec E = épargne, Y = revenu. La cohérence de l'analyse keynésienne s'exprime au travers d'un système de quatre équations :

(1) Y = F (W, K)	C = consommation ;
(2) Y = C+ I	E = épargne ; I = investissement ;
(3) I = f(i)	K = capital ; W = travail ;
(4) E = k*Y	Y = revenu national.

Il résulte de l'analyse de ces équations les éléments pertinents de compréhension ci-après :

(a) Pour un taux d'intérêt i, l'équation (3) fournit l'investissement ;

(b) L'équation (4) peut encore s'écrire Y = E/k, soit Y = I/k, en remplaçant E par I car par définition, l'épargne E est égale à l'investissement I ;

(c) Il en résulte que le revenu national Y est donc un simple multiple de l'investissement ;

(d) La détermination de Y permet aussi de déterminer à son tour l'emploi des facteurs de production que sont W, le travail et K, le capital ;

(e) Le multiplicateur k s'appliquant à une variation de l'investissement, il faut en toute rigueur raisonner à la marge. En considérant les variations, l'équation (2) devient (2) $\Delta Y = \Delta C + \Delta I$, l'équation (4) $E = k*Y$ devient

(4) $E = k*\Delta Y$, d'où (4) et (2) donnent (5) $\Delta C = (1\text{-}k)\ \Delta Y$.

De (2) et de (5) on tire $\Delta Y = (1\text{-}k)\ \Delta Y + \Delta I = \Delta Y - k*\Delta Y = \Delta I$

D'où $\Delta Y = \Delta I*1/k$;

(f) En d'autres termes, Keynes admet l'illusion monétaire, donc Y, C et E sont exprimés en termes nominaux et non plus en termes réels comme dans le modèle classique ;

(g) Par rapport à la monnaie, Keynes ajoute à la demande d'encaisse de transaction des classiques qu'il maintient inchangée, une demande dite de spéculation. Cette demande de spéculation se justifie par le motif de précaution[12], visant à conserver de la monnaie pour faire face à des dépenses non prévues ou tout simplement pour profiter de quelque opportunité de placement, voire d'usure ;

(iii) les principales implications de l'analyse keynésienne sur la monnaie : (a) Une baisse des taux d'intérêt nominaux provoque une anticipation d'accroissement de la valeur des obligations, alors les ménages tentent d'échanger leur monnaie contre des obligations, la demande des obligations est forte, la demande de monnaie diminue ; (b) Une hausse des taux d'intérêt nominaux a pour effet une anticipation de la baisse de la valeur des obligations, ce qui incite les ménages à tenter d'échanger leurs obligations contre de la monnaie ; par ricochet, la demande d'obligations diminue et la demande de monnaie augmente ; (c) Le prix des obligations évolue en sens inverse du taux d'intérêt ; (d) Il résulte du modèle keynésien que : d1 : la masse monétaire fixe le taux d'intérêt ; d2 : le taux d'intérêt permet alors de déterminer le niveau de l'investissement possible ; d3 : du niveau de l'investissement résulte le multiplicateur : d4 : la production permet de déterminer la quantité de travail et de capital nécessaire, qui peut être inférieure à la quantité de travail et de capital disponible, d'où l'identification du chômage pour ce qui est du facteur travail ; d5 : en raisonnant sur une courte période, le niveau des prix est réputé stable dans le cadre du modèle keynésien ;

[12] Le motif de précaution est déjà également intégré dans leur modèle chez les classiques.

(iv) L'approche monétariste de la demande de monnaie : l'analyse néo-keynésienne intègre la substitution entre monnaie et obligations dans une approche plus générale fondée sur la notion de patrimoine ; Hicks et Tobin[13] font le constat selon lequel la demande d'actifs monétaires s'inscrit dans une démarche plus vaste de gestion et de diversification du patrimoine ; cette démarche a un double objectif de (a) recherche d'amélioration de la rentabilité du patrimoine et (b) réduction des trois risques : risque de moins-value en capital ; risque de sous-rémunération et risque d'illiquidité.

À l'instar des néo-keynésiens, l'analyse monétariste confirme la demande de monnaie, mais elle introduit une nouvelle notion, celle de revenu permanent. Pour les monétaristes, la demande d'encaisses monétaires est un cas spécifique de choix des actifs constituant un patrimoine. Donc, la monnaie ainsi considérée comme un actif financier parmi d'autres, est naturellement soumise à des opérations d'arbitrage. Trois autres aspects essentiels caractérisent l'analyse des monétaristes : (a) la demande de monnaie est fonction de la richesse de l'agent économique concerné, des prix et des rendements des différents actifs qui composent cette richesse, de ses goûts et de ses préférences ; (b) la notion de patrimoine est très extensive chez les monétaristes : actifs financiers, biens matériels, capital humain entendu comme valeur actualisée du flux de revenus que l'agent économique peut espérer percevoir du fait de son travail ; (c) le patrimoine est estimé à partir du revenu permanent qu'il procure : le revenu permanent par définition est celui qui est raisonnablement prévisible, dont les agents économiques espèrent disposer au cours d'une période donnée. Ce revenu est estimé en termes réels et non nominaux. Dans la pratique, le calcul du revenu permanent est la moyenne pondérée des revenus courants passés ; les coefficients de pondération tendent vers zéro au fur et à mesure que l'on remonte dans le passé. Donc, à long terme, revenu permanent et revenu courant sont égaux.

Sur le plan empirique, le monétariste Friedman, contrairement à Fisher et Keynes qui faute de statistiques et de méthodes de traitement appropriées de données à leur époque, n'avaient jamais cherché à vérifier la validité de leurs théories, a pu aller plus loin : Friedman a étudié la série temporelle (statistique) exprimée en termes réels de la

[13] Hicks and Tobin, « Liquidity preference as behavior towards risk », Review of economic studies n°24, 1958.

demande de monnaie aux États-Unis d'Amérique sur la période 1869-1957[14] . Cette étude a débouché sur deux découvertes fort instructives : (a) il existe une relation forte et stable entre la quantité de monnaie et le revenu national : le cycle de la quantité de monnaie et le cycle général de l'économie sont très fortement corrélés avec des phasages temporels variables ; les variables des dépenses autonomes du modèle keynésien ne sont que faiblement corrélés avec les fluctuations conjoncturelles ; (b) la demande de monnaie est, pour l'essentiel, fonction des considérations patrimoniales ; d'après l'analyse économétrique, la demande de monnaie dépend essentiellement du revenu réel permanent ; sur le long terme, les encaisses monétaires croissent plus rapidement que le revenu permanent, ce qui se traduit en d'autres termes par une élasticité revenu-moyenne de la demande de monnaie largement supérieure à l'unité ; a contrario, cette élasticité est plus faible que la moyenne en phase d'expansion, mais plus forte en phase de dépression. Friedman conclut que la monnaie est un bien de luxe[15] à long terme, alors qu'elle ne l'est pas à court terme.

S'intéressant plus particulièrement au cas de la consommation, Friedman note que celle-ci ne s'adapte pas au revenu constaté mais bien au revenu permanent, ce qui explique selon lui « Pourquoi l'économie est plus sensible, toujours en termes réels, aux variations de l'investissement contrairement aux conclusions de Keynes ».

3.1.1. La création monétaire par les banques commerciales : Pour faire face à la demande de monnaie par les agents économiques que sont les entreprises et les ménages, les banques commerciales créent de la monnaie en faisant des crédits, on dit qu'elles créent de la monnaie ex nihilo.

Afin d'expliquer et faire mieux comprendre le rôle des banques, nous allons nous appuyer sur un exemple concret, en nous inspirant de la fameuse expression anglaise « **loans make deposits** » (les crédits font les dépôts). En effet, une banque ne crée pas de la monnaie en transformant les dépôts du public en crédits ; mais elle transforme par le crédit, des actifs non monétaires en dépôts. Soit dans notre exemple[16]un système bancaire avec une banque commerciale dans un

---

[14] Friedman et Schwartz, « A monetary historyof the United States », Princeton University, 1963.

[15] Friedman calcule et obtient un coefficient de 1,81, résultat largement supérieur à 1.

[16] Inspiré des travaux de Jacques-Henri DAVID, Philippe JAFFRÉ dans « La monnaie et la politique monétaire », éditions Economica, 1990.

pays connu sous le nom de Branago, ayant pour monnaie nationale le nago, dont le sigle est ng. Il existe dans cette économie deux entreprises 1 et 2 et une banque A. Pour voir comment se crée et se détruit la monnaie au Branago, nous allons suivre le comportement de chaque acteur.

A. Les hypothèses

L'entreprise 1 achète auprès de l'entreprise 2 un stock de marchandises, qu'elle doit payer au prix de 1 million de ngs (1 Mngs). La trésorerie de 1 étant nulle, elle va demander un crédit de 1 Mngs à sa banque, la banque A. Celle-ci va prendre une décision motivée, après étude du dossier de demande de crédit. Ce dossier introduit auprès de la banque est préparé conformément à la réglementation en vigueur du système bancaire et des procédures internes propres à la banque. Lorsque la demande est approuvée, la banque accorde le crédit et en crédite le compte de l'entreprise 1 dans ses livres, du montant de 1 Mngs.

B. Configuration des bilans respectifs de la banque A, des entreprises 1 et 2

Banque A

Actif	Passif
Crédit à 1	Dépôt de 1

Entreprise 1

Actif	Passif
Stock	Dette envers 2
Dépôt	Dette envers banque

Entreprise 2

Actif	Passif
Créance sur 1	Bénéfice

C. Description et interprétation des opérations

Banque A

Actif	Passif
Crédit à 1	Dépôt de 2

Entreprise 1

Actif	Passif
Stock	Dette envers banque

Entreprise 2

Actif	Passif
Dépôt banque	Bénéfice

L'entreprise 1 est en relation avec l'entreprise 2 et avec la banque A. Chaque relation crée deux écritures dans chacune des entreprises concernées, l'une à l'actif, l'autre au passif. Il y a donc ainsi deux écritures dans l'entreprise 2 (le produit de la vente non encore encaissée à l'actif et, en contrepartie, un bénéfice au passif). Il y a aussi deux écritures dans la banque (le **crédit** fait à l'entreprise 1 à l'actif et sa contrepartie au passif, le **dépôt dont peut désormais disposer l'entreprise 1**). Il y a enfin quatre écritures dans l'entreprise 1, deux pour les opérations avec la banque, deux pour les opérations avec l'entreprise 2.

Sur la base du crédit reçu de la banque A, l'entreprise 1 règle son créancier, l'entreprise 2. Elle donne l'ordre à la banque A de virer 1 Mngs de son compte à celui que l'entreprise 2 a ouvert, dans cette même banque, selon nos hypothèses de travail. Les bilans deviennent alors :

Dans la banque A, le dépôt de l'entreprise 1 a été transféré à l'entreprise 2. De ce fait, l'entreprise 1 n'a plus de dépôt à son actif mais plus de dette envers l'entreprise 2 à son passif. Enfin, l'entreprise 2 a transformé une créance sur l'entreprise 1 en une créance sur la banque A.

Évidemment, dans une économie, les agents économiques développent entre eux des relations de plus en plus complexes ; il y a plusieurs banques, la Banque centrale et les autorités monétaires imposent des modalités de fonctionnement. Alors que la manière dont la monnaie est créée s'explique plus facilement, il devient plus compliqué de comprendre les limites du processus de la création monétaire.

3.1.2. La création monétaire par la Banque centrale : La banque centrale est appelée « banque des banques ». Pour répondre à la demande des agents économiques, les banques commerciales créent de la monnaie en accordant des crédits. Or à un moment donné de la mise en œuvre des crédits, les agents économiques ont besoin des « signes monétaires » palpables, notamment des billets de banque. Ceux-ci sont exclusivement fabriqués par la banque centrale, qui a le monopole de l'émission des billets de banque. Les billets viennent se substituer partiellement à la monnaie scripturale créée par les banques commerciales. Afin de disposer de ces billets, la banque commerciale va solliciter un prêt direct de la banque centrale, ou lui céder une partie de son portefeuille (c'est-à-dire en apportant des effets au réescompte). Celle-ci, seule a le privilège de les fabriquer : la monnaie « banque centrale » est constituée de billets de banque et d'écritures dans les comptes courants ouverts dans les livres de la banque centrale pour les banques commerciales et autres institutions éligibles. C'est à partir de ces différents comptes que la banque centrale approvisionne les banques commerciales, leur permettant ainsi de répondre aux sollicitations des agents économiques – clientèle -, en matière de billets de banque. Les relations entre la banque centrale et les banques commerciales, entre les banques commerciales et leur clientèle, sont régies de manière stricte par la réglementation du système bancaire.

Il faut relever que les banques ne sont pas les seuls responsables de la création monétaire. En effet, (i) si les banques refusent d'accorder des crédits, il n'y aura pas de création monétaire ; (ii) la création monétaire étant la conséquence de la demande de crédit de la part des agents économiques, ceux-ci contribuent à la mise en œuvre du processus de création monétaire ; (iii) le pouvoir de création monétaire n'est donc pas le monopole des banques ; le mécanisme de création monétaire interpelle tous les acteurs, il s'agit d'un pouvoir partagé.

À la lumière de ce qui précède, la création monétaire comporte des limites, dont le respect est fondamental pour la qualité même de la monnaie : c'est une invite à une très grande prudence pour ceux qui tenteraient la « planche à billets ». Il y va de l'efficacité dans la gouvernance du système bancaire et de la gestion de la monnaie.

3.2. La masse monétaire : Sur la base de l'exemple ci-dessus pris sur l'économie du Branago, la masse monétaire est constituée de l'ensemble des créances que les agents non bancaires détiennent sur la banque A. Dans la pratique, cette masse monétaire est calculée en additionnant tous les soldes créditeurs des comptes courants, ce qui dans le cas de notre exemple donne 1 Mngs. Cette masse monétaire a pour contrepartie le crédit de la banque A accordé à l'entreprise 1. À titre de rappel, c'est ce crédit qui a donné lieu à la création monétaire. Lorsque les crédits accordés arrivent à échéance, ils font l'objet de remboursement par les débiteurs. D'où passation des écritures comptables inversées, qui ont pour résultat la destruction de la monnaie précédemment créée : le compte courant de l'entreprise est débité du montant du remboursement, ce qui ramène à zéro (0) la masse monétaire qui était de 1 Mngs. En d'autres termes, le processus de création-destruction de la monnaie n'aboutit pas en réalité à l'annulation complète de la masse monétaire : au niveau de l'ensemble de l'économie, la masse monétaire n'est jamais réduite à zéro, il faut même dire qu'il est rare que la masse monétaire diminue ; en effet, une économie en expansion réelle ou nominale, présente toujours un excédent de la masse de crédits nouveaux octroyés sur la masse des crédits venant à échéance.

3.2.1. Quelques définitions de la masse monétaire et des liquidités de l'économie : (a) par définition, la masse monétaire, encore connue sous l'appellation M2 (en général, une appellation différente restant possible selon le pays), est constituée de deux éléments que sont (i) M1 ou ensemble des disponibilités monétaires, ou monnaie proprement dite, c'est -à -dire l'ensemble des moyens de paiement immédiat comprenant monnaies divisionnaires, billets, dépôts à vue auprès des banques, des établissements financiers, des chèques postaux , des caisses d'épargne et du Trésor public ; (ii) (M2-M1) ou la quasi-monnaie, constituée par les avoirs aisément transformables sans perte en capital en moyens de paiement tels que les dépôts à terme et comptes sur livrets, les comptes et plans d'épargne–logement gérés par les banques, les établissements financiers ou le Trésor public ; (b) la notion de liquidités de l'économie connue sous l'appellation M3 est plus large : elle prend en compte, outre la monnaie monétaire, les comptes sur livrets et les comptes et plans d'épargne-logement dans les caisses d'épargne ainsi que les bons du Trésor, des PTT, des Groupements d'épargne et de prévoyance (GREP) et de la Caisse Nationale de l'Energie (CNE) souscrits par le public.

Quasi-monnaie, avoirs en caisses d'épargne et bons du Trésor, des PTT et de la CNE forment ensemble les placements liquides ou à court terme, identifiés (M3-M1)[17].

3.2.2. Les contreparties de la masse monétaire : La masse monétaire est constituée par divers éléments identifiés comme des dettes ou **des engagements** de la Banque centrale, des banques, des établissements financiers et du Trésor envers les agents non financiers. Les créances du système bancaire et les opérations du Trésor sont les contreparties de ces engagements : l'analyse de ces contreparties permet de mettre en

[17] Banque de France, Conseil national de crédit, La monnaie en 1980, juillet 1981 ; les sigles M1, M2, M3, bien qu'adoptés par la majorité des pays, ne recouvrent pas partout des notions identiques.

évidence les sources de la création monétaire. Ces sources se présentent sous trois grandes rubriques : avoirs nets en or et créances sur l'étranger contenus dans le poste « or et devises » figurant au bilan de la Banque centrale ; créances sur le Trésor public, qui comprennent les créances des institutions financières bancaires et les avoirs des entreprises et des particuliers gérés par le Trésor ; concours à l'économie, accordés aux agents économiques, entreprises ou particuliers : (a) les avoirs en or et en devises : les réserves en or et en devises détenus par la Banque centrale constituent **la première contrepartie** de la masse monétaire ; (b) les créances sur le Trésor public : **la deuxième contrepartie** de la masse monétaire est constituée par les créances sur le Trésor public ; ces créances retracent l'évolution du financement monétaire de l'exécution des lois de finances ; (c) en déduisant des concours à l'économie de caractère bancaire le montant des ressources non monétaires ayant contribué au financement de ces concours, on obtient la contrepartie « concours à l'économie » de la masse monétaire : c'est **la troisième contrepartie**.

Au total, **l'ensemble des concours à l'économie** comprend d'une part les concours de caractère bancaire, distribués par les Institutions financières bancaires (IFB) et d'autre part, les concours de caractère non bancaire, distribués par les Institutions financières non bancaires (IFNB) et le Trésor.

Ci-dessous à titre illustratif, un Tableau statistique de présentation de la masse monétaire et de ses contreparties :

Masse monétaire et Contrepartie

Placements liquides ou à court terme

Ensemble des liquidités – Concours à l'économie de caractère bancaire

Montants en milliards de francs en fin d'année	**1980**
Billets et monnaie en circulation	143,72
Dépôts à vue	547,74
Total des disponibilités monétaires	**691,46**
Dépôts à terme	216,86
Bons de caisse et de la C.N.C.A.	215,23
Comptes sur livrets	157,39
Epargne-logement	130,47
Total des disponibilités quasi-monétaires	**719,95**
MASSE MONÉTAIRE	**1411,41**
Or et devises	88,25
Créances sur le Trésor	129,76
Concours à l'économie	1320,24
Divers	-126,84
CONTREPARTIES	**1411,41**
Disponibilités quasi-monétaires	719,95
Placements auprès des caisses d'épargne	559,60
Bons d'épargne PTT et CNE	8,31
Bons du Trésor	48,62
PLACEMENTS LIQUIDES OU À COURT TERME	**1336,48**
ENSEMBLE DES LIQUIDITÉS	**2027,94**
CONCOURS A L'ÉCONOMIE DE CARACTÈRE BANCAIRE	**1547,84**

Source : Banque de France/Conseil national du crédit, LA MONNAIE EN 1980, juillet 1981

3.3. Quelques critères d'efficacité : (i) dans le cas d'un système bancaire diversifié – comme c'est en général toujours le cas, avec la présence d'une banque centrale et d'au moins deux banques commerciales – chaque banque commerciale considérée isolément doit veiller à la convertibilité de la monnaie scripturale qu'elle gère, par rapport à la monnaie des autres banques et de la monnaie banque centrale ; (ii) la banque centrale joue l'important rôle de permettre à la banque commerciale d'assurer à tout moment la convertibilité de sa monnaie en billets de banque centrale ; (iii) si les conditions réglementaires ne sont pas remplies, la banque centrale peut refuser d'approvisionner la banque commerciale en billets demandés ; celle-ci pourrait ainsi se trouver dans l'impossibilité de donner satisfaction à sa clientèle, et par conséquent dans l'obligation de fermer ses portes, donc de faire faillite !

En conclusion, les banques commerciales ne peuvent pas sans limite, créer de la monnaie : prises ensemble, les banques commerciales font face à un problème de trésorerie, que seule la banque centrale peut résoudre.

3.4. La monnaie électronique : Les systèmes de monnaie électronique dont nous assistons de nos jours à un développement vertigineux reposent sur deux types d'instruments que sont (a) le porte-monnaie électronique (PME) et (b) le porte-monnaie virtuel (PMV).

Le principe de porte-monnaie électronique (PME) est le suivant : un émetteur procède au chargement d'unités électroniques sur une carte à puces, contre remise par le porteur, d'une somme d'argent. Sur le plan du fonctionnement, l'utilisateur d'un PME a prépayé les unités qu'il va « consommer » ; l'utilisation des unités de « monnaie électronique » couvre l'ensemble du territoire éligible, dans un réseau généralement vaste de commerçants. Tandis que le consommateur achète par avance les unités monétaires, le commerçant quant à lui, dans un second temps seulement, bénéficie de la conversion de la monnaie électronique en unités monétaires traditionnelles.

Par définition, la monnaie électronique est une réserve de valeur prépayée sur un support informatique ou électronique. L'existence - ou plutôt l'intrusion – de la monnaie électronique dans le domaine monétaire soulève de nombreuses questions, dont essentiellement celle relative au contrôle par les autorités monétaires sur l'émission de ce nouvel instrument monétaire.

3.4.1. Les avantages et l'importance du marché de la monnaie électronique : comme indiqué plus avant, il existe deux types d'instruments de paiement électronique par monnaie électronique ; le porte-monnaie électronique (PME) quand le support est une carte ; le porte-monnaie virtuel (PMV) lorsque le support est un logiciel installé sur un ordinateur individuel.

La monnaie électronique destinée aux paiements de petits montants : elle couvre deux sous-groupes, qui comportent chacun leurs avantages :

(a) les paiements de contact : proximité physique des deux acteurs de la transaction, avec de nombreux avantages pour le porteur (système pratique, problème de l'appoint de la monnaie résolu, éventuellement transmissible, possibilité d'incorporation de services à valeur ajoutée notamment par rapport à la capacité de faire office de titre de transport), pour le commerce (le principal intérêt porte sur l'économie réalisée du fait de la diminution de la détention et de la manipulation des espèces), pour les banques (avantages simultanés en termes de sources additionnelles de revenus et réduction des coûts afférents aux paiements[18]) ;

(b) les paiements à distance : la monnaie électronique est tout à fait adaptée aux paiements sur internet ; avec le temps, ce moyen de paiement pourrait avantageusement se substituer aux moyens existants. L'obstacle majeur auquel se trouve aujourd'hui confronté le commerce sur internet, résulte de l'inexistence d'un moyen de paiement réellement adapté. Un tel système devrait être peu coûteux, et faciliter les paiements transfrontaliers, assorti d'un niveau de risque maîtrisable.

L'avènement de la monnaie électronique marque une évolution structurelle de l'industrie bancaire. Cette évolution est le reflet du rôle de plus en plus croissant des technologies de l'information : elle nécessite des investissements importants (niveau élevé des coûts fixes), avec pour contrepartie la nécessaire réduction des coûts des opérations bancaires (diminution des coûts variables).

Grâce à l'évolution technologique, l'espoir d'une transformation vertigineuse des systèmes de paiements est permis, mais la monnaie fiduciaire résiste bien, ce qui ne laisse pas présager

[18] **Les coûts** générés par un paiement en monnaie électronique sont potentiellement plus faibles que pour les autres moyens de paiement, impliquant des flux de monnaie scripturale ou fiduciaire ; les recettes proviennent de trois types de revenus : le flottant (recettes liées au décalage dans le temps entre le paiement et le règlement), la tarification directe des opérations au titre des commissions sur les conversions de montant électronique en monnaie bancaire et vice versa, source de revenu liée aux possibilités de service à valeur ajoutée pouvant probablement prendre la forme d'un partage de coûts.

l'imminence d'une « société humaine sans cash »[19]. Face à la progression très remarquée du processus de substitution de la monnaie électronique aux espèces, et à la perspective des efforts de promouvoir ces nouveaux moyens de paiement par le système bancaire, il se pose la question de savoir si la monnaie électronique est une nouvelle monnaie.

3.4.2. Le débat sur la nature exacte de la monnaie électronique : une définition précise de la monnaie électronique s'avère compliquée tant au niveau des institutions que des utilisateurs. De part et d'autre, on ne parvient pas encore à la même définition. Pour progresser dans la recherche, il importe de s'interroger même sur la notion de monnaie :

A. La monnaie électronique n'est pas seulement un instrument de paiement : comme nous l'avons indiqué dans les chapitres précédents, la monnaie est définie par rapport à ses fonctions. Sur le plan économique, la monnaie joue un triple rôle d'instrument des échanges, d'étalon de mesure et de réserve de valeur. De manière plus explicite, pour un agent économique donné, la monnaie permet d'en apprécier la solvabilité. La logique d'expression de la richesse de cet agent économique recourt au moyen de paiement utilisé, qui constitue le vecteur de l'information sur la richesse en fournissant les coordonnées bancaires. Mais le vecteur permettant ainsi de cerner l'information ne s'identifie pas à celle-ci.

En nous appuyant sur cette perception de l'analyse économique, les PME et PMV que nous avons décrits précédemment, jouent un rôle qui va au-delà de simples instruments de paiement : ils permettent à leur détenteur de prouver immédiatement leur solvabilité, ce qui n'est pas le cas pour d'autres instruments de paiement[20], notamment la carte bancaire.

Selon la Banque centrale européenne (BCE) dans son rapport publié en août 1998 sur la monnaie électronique, la monnaie électronique est une « réserve électronique de valeur monétaire stockée

---

[19] Une étude de la Banque centrale de Finlande en 2000, estime que 87% des Uni, paiements de contact sont réalisés en espèces : Snellman J., Vesala J., Humphrey D. (2000), Les estimations concernent l'Italie, l'Allemagne, le Royaume – Uni, la Suisse, les Pays-Bas, le Danemark, la Belgique, la France, la Finlande et la Suède.

[20] Les espèces revêtent également cette caractéristique, puisqu'elles sont simultanément monnaies et moyens de paiement. On pourrait y opposer le fait que c'est le prépaiement qui permet à la monnaie électronique de « faire la preuve immédiate de sa solvabilité » et non pas les caractéristiques propres de la monnaie électronique (voir La documentation Française n°297 de juillet-août 2000).

sur un support technique (…) sans impliquer nécessairement de comptes bancaires lors des transactions ». S'il n'en était pas ainsi, on ne parlerait pas de monnaie électronique, mais plutôt d'instrument de paiement électronique tout simplement, à l'instar d'une carte bancaire. Ce qui donne vie donc à une réserve de valeur et donc à de la monnaie, c'est la rupture dans la mise en relation automatique des comptes bancaires. Cependant, la question de savoir si cette réserve de valeur est une monnaie persiste.

B. La possible assimilation de la monnaie électronique à la monnaie fiduciaire, scripturale ou à aucune des deux : si aucune assimilation n'est possible, on pourrait penser à la création d'un troisième type de monnaie.

Assimilation à de la monnaie scripturale : Dans son rapport rappelé plus haut, la BCE, en arguant que les fonds objet des paiements sont préalablement stockés à cette fin, conclut que « la monnaie électronique est assimilée à de la monnaie scripturale ». Ces fonds qui servent ainsi de contrepartie, sont des dépôts bancaires. Cette perception de la nature de la monnaie électronique donne satisfaction aux établissements bancaires, qui en vertu du monopole que leur confère la loi, sont seuls habilités à émettre de la monnaie et conservent des dépôts. D'où cette affirmation de Dissaux (1999) selon laquelle « l'émetteur tient dans ses livres un compte en monnaie électronique miroir du porte-monnaie électronique délivré ».

En procédant à un rapprochement entre les fonctions économiques de la monnaie et leurs implications juridiques, Lansky (1999) appuie cette analyse. En effet, l'unité monétaire correspond à la fonction d'unité de compte, puisqu'elle permet de mesurer la valeur de biens hétérogènes : la capacité de la monnaie à stocker de la valeur est exprimée par l'instrument monétaire. La notion de moyen de billets se réfère à la fonction économique d'intermédiaire des échanges. Ainsi, parce que la monnaie scripturale permet de mesurer la valeur des biens et services tout en conservant du pouvoir d'achat dans le temps, elle est donc unité et instrument monétaire. Il en va de même des billets de banques, qui assurent la fonction d'intermédiaire des échanges, en plus de celles d'unité et d'instrument monétaire (la monnaie scripturale quant à elle, ne peut être transmise que par le biais des moyens de paiement tels que carte bancaire, chèque ou virement). Si les agents économiques acceptent de détenir de la monnaie électronique, c'est parce qu'ils ont la certitude de pouvoir la convertir en monnaie scripturale ou fiduciaire. Donc, être en possession des unités de monnaie électronique, c'est en fait détenir un titre de créance sur une forme authentique de monnaie : l'émetteur prend l'engagement de convertir des unités électroniques en monnaie. À la lumière de tous les développements ici présentés, la monnaie électronique, à la différence des deux types de monnaies traditionnelles (monnaie scripturale et monnaie fiduciaire), ne constitue pas un instrument monétaire, étant donné que sa capacité de stocker de la valeur tient à la promesse d'une conversion ultérieure en monnaie scripturale.

Assimilation à de la monnaie fiduciaire : La Commission européenne, par sa proposition de directive du 21 septembre 1998, a considéré la monnaie électronique comme une « variante numérique aux espèces ». L'idée que sous-tend ce rapprochement tient au fait que l'utilisation de la monnaie électronique ne requiert pas d'autorisation de la part des banques. La libre transférabilité de la monnaie électronique entre agents non bancaires pourrait constituer un argument de cette analogie avec les billets de banque. Ce qui pourrait signifier que la monnaie électronique n'a pas besoin d'être d'abord transformée en monnaie scripturale au terme de chaque opération pour circuler à tout moment. De manière plus explicite, ce raisonnement cherche à montrer que le « rattachement » de la monnaie électronique à la monnaie scripturale ou fiduciaire constitue une condition de base au recyclage automatique potentiel des unités électroniques en monnaie bancaire traditionnelle[21] (scripturale ou fiduciaire).

Naissance d'un nouveau type de monnaie : Face à la monnaie électronique, il devient tentant d'imaginer une coïncidence entre sa nature économique et sa nature juridique. L'objectif serait de faire évoluer le système de paiement conférant à la monnaie électronique le statut d'unité monétaire, donc de monnaie véritable. Alors se poserait le problème de maîtrise de la masse monétaire électronique, dont une diffusion massive d'unités dans l'économie constituerait un danger du fait de la nécessaire conversion en monnaie traditionnelle.

---

[21] À contrario, Lansky (1999) souligne que même les unités de monnaie électronique peuvent changer de mains sans être systématiquement en monnaies traditionnelles, leur valeur demeure liée à la créance qu'elles représentent sur la monnaie scripturale. Autrement dit, la libre transférabilité de la monnaie électronique n'est pas une caractéristique suffisante pour lui conférer le statut de monnaie.

3.4.3. Les conséquences de la monnaie électronique pour le système de paiement et les autorités monétaires :

A. Le risque pour la sécurité du système de paiement : L'importance de la sécurité du système de paiement a fait l'objet d'une alerte au niveau des autorités monétaires : le rapport (BIS 1996 a) publié par la Banque des règlements internationaux (BRI) en 1996 est consacré à la sécurité des systèmes de monnaie électronique. Il existe deux types de problème étroitement liés : d'un côté, les problèmes sécuritaires proprement dits, et de l'autre, la menace d'un dysfonctionnement de la caractéristique d'unité de compte de la monnaie.

Alors que les réseaux bancaires traditionnels - réseaux de règlements interbancaires, réseaux de points de vente électroniques, réseaux de distributeurs automatiques de billets (DAB) – sont suffisamment sécurisés, les réseaux qui véhiculent la monnaie électronique peuvent être ouverts. Ceux-ci présentent un accès non protégé ; d'où le caractère délicat de la sécurisation des paiements s'agissant de la monnaie électronique. Il devient donc impératif de (i) renforcer l'identification des agents opérant dans ces réseaux ouverts et (ii) créer un « réseau virtuellement fermé » par le biais de la cryptographie. Des aspects technologiques et managériaux plus sophistiqués doivent faire l'objet d'une attention spécifique, afin d'éviter une quelconque détérioration de la **fonction d'unité de compte** de la monnaie ; parmi ces éléments « perturbateurs » potentiels, nous pouvons mentionner la qualité des émetteurs de monnaie électronique, la dévaluation de la monnaie électronique par rapport à la monnaie bancaire, du fait de la création de taux de change entre monnaies électroniques liées à une même devise. Dans ce dernier cas, la disparité des taux de change résulte de ce que ce taux devient tributaire de la solvabilité et de la solidité des émetteurs. Les autorités monétaires doivent en conséquence s'assurer que les règles prudentielles sont appliquées et respectées par tous les opérateurs. Par rapport à l'émission de la monnaie électronique, la loi bancaire doit clairement stipuler que la gestion des moyens de paiement et la réception des fonds du public, contrepartie de l'émission de monnaie électronique, sont et demeurent le monopole des banques.

B. Le risque des émissions excessives de monnaie électronique : il existe une crainte potentielle qui pourrait être justifiée par un excès de monnaie en circulation, du fait des émissions de monnaie électronique.

Tant que la monnaie électronique est émise sous l'effet de la conversion en monnaie scripturale et fiduciaire, le stock de monnaie électronique reflète strictement la destruction de monnaie traditionnelle : il en résulte en fin de compte un impact nul sur la quantité totale de moyens de paiement. Pour que la quantité de monnaie en circulation augmente, il faut que soient activés les mécanismes de création monétaire traditionnels, à la suite des remises en contrepartie d'un crédit, des unités de monnaie électronique. Les incitations à la création de monnaie électronique peuvent être excessives dans le cas où la rentabilité de cette opération de crédit conditionne les émissions pour les établissements bancaires : il y a donc un déphasage entre ces incitations et les objectifs de croissance de la masse monétaire. Il y a lieu de penser que le coût marginal d'émission de la monnaie électronique est inférieur à son niveau lorsqu'il s'agit de la monnaie bancaire traditionnelle. Il existe un avantage potentiel de la monnaie électronique par rapport aux monnaies concurrentes, qui s'explique par l'efficacité technologique avec laquelle s'effectuent l'émission et la circulation de la monnaie électronique. Godeffroy et Moutot (1999) en déduisent que « dans un monde où l'information a un coût non nul et où, en outre, les effets de réseau sont importants, la croissance des montants émis (...) [pourrait] devenir excessive dès lors que la monnaie électronique aura dépassé un certain seuil d'utilisation ».

Le coût d'émission de la monnaie électronique peut également augmenter par le biais du coût de refinancement entre autres, en imposant la conversion de la monnaie électronique en monnaie bancaire et centrale. Il faut par ailleurs envisager la situation où, du fait de la concurrence entre émetteurs de monnaie électronique, les comptes soient rémunérés, ce qui contribue à renchérir le coût de l'émission de la monnaie électronique. Donc, le faible coût d'émission, et les autres caractéristiques propres à la monnaie électronique, incitent à un accroissement des encours, ce qui ne fait pas disparaître les moyens d'éviter un dérapage des montants émis. C'est un argument favorable aux autorités monétaires qui en fin de compte se trouvent bien outillées pour affronter tout risque dû à l'émission de la monnaie électronique.

Les Banques centrales se trouvent confrontées à un second type de difficulté : la substitution de monnaie électronique aux billets de banque. Cette opération exerce un impact mécanique sur l'équilibre budgétaire de l'institut d'émission. C'est le seigneuriage. Sur le plan général, le seigneuriage est la capacité pour une Banque centrale de

« prélever des ressources réelles » du fait de son monopole de création monétaire. Dans la pratique, ce sont les billets de banque qui constituent une source d'enrichissement pour la Banque centrale, puisqu'ils sont une ressource gratuite, aux coûts de production près. Les autorités monétaires se servent de cette ressource pour financer des actifs. Méthode d'évaluation des recettes de seigneuriage : (a) multiplier le montant des pièces et billets en circulation par le taux d'intérêt des titres d'État à long terme ; (b) il en résulte une estimation de ces recettes entre ¼ et ½ point du Produit intérieur brut (PIB) selon les pays ; cette estimation montre que le coût d'opportunité n'est pas négligeable pour les autorités monétaires. Il est évident que la mesure effective de ce coût est donnée par l'ampleur de la substitution de la monnaie électronique aux pièces et billets.

3.4.4. Les problèmes liés à la stratégie de la politique monétaire : Face à un développement vertigineux de la monnaie électronique, la question peut se poser de savoir s'il est susceptible de constituer un obstacle pour la politique monétaire. Deux types de problème pourraient surgir au niveau des Banques centrales : (i) la **non-neutralité de la monnaie électronique (et plus généralement l'électronique)** sur la quantification de la monnaie ; il peut en résulter un déplacement de la frontière entre les actifs liquides (proches substituts de la monnaie) et ceux qui le sont moins. Il se produit aussi un impact sur la vitesse de circulation des unités de monnaie, ce qui en fin de compte complique la définition (et par ricochet le contrôle) des agrégats ; (ii) une **contraction de la valeur monétaire**, impliquant alors une maîtrise électronique des capacités d'action des autorités monétaires ainsi que des leviers de la politique monétaire. Plus substantiellement, l'avènement de ces deux questions peut être ainsi décrit.

S'agissant de la première question, sous l'impulsion des performances techniques, les unités monétaires vont changer de mains à une vitesse élevée, d'où l'impact de la monnaie électronique sur la vitesse de circulation de la monnaie. Ces développements vont provoquer une modification de la demande de monnaie au fur et à mesure que se réalise la substitution aux monnaies traditionnelles. Tout ceci pourrait s'accompagner d'une fluctuation de la frontière entre les agrégats jusqu'à la stabilisation des processus de substitution de la monnaie électronique aux autres formes de monnaie. Les autorités monétaires n'ont pas à s'inquiéter outre mesure, l'effort de substitution étant moins important que par le passé. Cependant, il faut porter attention sur quelques aspects dignes d'intérêt : (a) la monnaie électronique subit un mouvement plus global d'accès aux fonds ; (b) le développement de l'internet dont des activités en ligne, va modifier les comportements des acteurs ; (c) la transformation d'actifs non-monétaires en monnaie se trouve facilitée, accompagnée du renforcement de la gamme des actifs mobilisables, comme moyen d'échange. **Donc, la monnaie électronique s'avère être le complément idéal de la mutation qui s'opère à travers ce processus**.

Quant au deuxième type de difficulté, il porte sur la **réduction du passif des Banques centrales**. Étant donné l'important rôle des espèces dans le bilan des banques de premier rang, l'ampleur du phénomène de réduction du passif sera fonction de la capacité de la monnaie électronique à se substituer aux billets de banque. Cet effet est amplifié par un second qui se traduit par la diminution du besoin de réserves par les banques commerciales. En clair, on assiste à une combinaison de deux mouvements : d'une part, la substitution de la monnaie électronique aux dépôts, et la baisse de la demande de réserves des établissements de crédit (diminution des réserves obligatoires, contraction des besoins de monnaie centrale à des fins de règlements interbancaires) d'autre part. Il convient cependant de relever un niveau d'impact faible de ce second effet, la cible de la monnaie électronique étant celle des paiements de petits montants. La concurrence entre les dépôts et la monnaie électronique est donc faible.

Des travaux ont été menés pour déterminer l'amplitude critique de la contraction de la base monétaire capable d'entraver significativement les interventions de la Banque centrale. Pour Berentsen (2000), le volume des opérations d'open market est modeste en temps normal ; on peut donc penser qu'un changement aussi modéré soit-il, pourrait provoquer une inquiétude significative. Van den Bergh, Okawa (1998) peut ainsi affirmer que « dans des circonstances spéciales, (...) la Banque centrale pourrait ne pas être en mesure d'effectuer des reprises de liquidités à grande échelle ». Plus concrètement, il peut arriver à la Banque centrale de ne pas soutenir la valeur de sa monnaie contre une devise, faute de disponibilité en termes d'actifs domestiques mobilisables. De telles difficultés pourraient résulter d'un accroissement important des encours de monnaie électronique.

En conclusion,

La monnaie électronique constitue une nouveauté en termes de moyen de paiements. Sa délicatesse et sa spécificité exigent au niveau des services bancaires une panoplie de conditions potentiellement contradictoires. À titre d'illustration, avant de susciter une forte demande du public et des commerçants, il faut au préalable s'assurer de l'existence concomitante d'une offre viable et rentable. L'avènement et le développement de la monnaie électronique, quel qu'en soit le rythme, pourrait provoquer des adaptations importantes au niveau de l'industrie bancaire. Au niveau des autorités monétaires, la vigilance doit être double : veiller à l'intégrité du système de paiement, et sauvegarder la fiabilité et la solidité de la régulation macroéconomique.

Chapitre 4

La mise en œuvre de la politique monétaire

Par définition, la politique monétaire consiste en la gestion de la monnaie et des taux d'intérêt. Plus explicitement, elle est l'ensemble des mesures permettant d'agir sur les conditions de financement de l'économie ; les regards se tournent vers la question de savoir où trouver des moyens pour financer l'investissement, et sur l'importance du rôle primordial de la banque centrale généralement chargée d'en assurer la mise en œuvre. La banque centrale est appelée à agir sur l'offre de monnaie, afin d'assurer à la fois la stabilité des taux d'intérêt, la stabilité des taux de change et la stabilité des prix. La mise en œuvre de la politique monétaire cherche également à atteindre les autres objectifs de la politique économique, qui constituent le triangle keynésien : la croissance, le plein emploi et l'équilibre extérieur. La politique monétaire va de pair avec la politique budgétaire ; ces deux politiques constituent ensemble le Policy-mix.

4.1. Les objectifs de la politique monétaire : À titre de rappel, la politique monétaire est l'ensemble des mesures et des dispositions prises par les autorités monétaires afin d'agir sur les conditions de financement de l'économie. Si par exemple nous prenons le cas d'un investisseur potentiel, dans l'évaluation de son activité va se poser la question de l'origine du financement. Pour cet investisseur (agent économique en quête de financement), le projet à réaliser ne sera effectivement lancé que lorsqu'il en aura « bouclé » le financement. La mise en œuvre de la politique monétaire ayant pour finalité de faciliter le financement de l'investissement est assurée, par souci d'efficacité, par la Banque centrale du pays ou de la zone monétaire (à l'instar de l'Union européenne), en collaboration avec les différentes Banques centrales nationales des pays membres. Ce qui veut dire que la Banque centrale nationale perd son autonomie en matière de politique monétaire, au profit de la Banque centrale de l'union.

La Banque centrale peut agir sur le financement de l'économie au travers de deux leviers, à savoir le taux d'intérêt et l'« open market » : (a) action sur le taux d'intérêt : en principe, la demande de monnaie par les agents économiques à besoin de financement est une fonction décroissante du taux d'intérêt ; autrement dit, lorsque le taux d'intérêt augmente, la demande de monnaie baisse à cause du coût élevé de la monnaie. Evidemment, cette demande a tendance à augmenter quand le taux d'intérêt baisse. Donc, au niveau des banques, la création monétaire croît en cas de baisse du taux d'intérêt (la demande des agents économiques en monnaie augmente) ; c'est le phénomène inverse qui se produit en cas de hausse du taux d'intérêt ; (b) intervention directe de la Banque centrale sur le marché monétaire (open market) afin d'agir sur le taux d'intérêt. Pour ce faire, la Banque centrale offre ou demande des capitaux, en agissant ainsi directement sur le taux d'intérêt. En mettant en vente des titres sur le marché monétaire, la Banque centrale « aspire » des liquidités ; sur ce marché, ces liquidités se raréfient au fil du temps et deviennent plus chères (du fait de la loi de l'offre et de la demande) ; en conséquence, le taux d'intérêt augmente. Les prêts de la Banque centrale (« la Banque des banques ») devenant plus chers, les banques commerciales par ricochet prêtent plus cher aux agents économiques qui les sollicitent pour réaliser leurs investissements. Il est évident que les banques tiennent à leur propre rentabilité. Ainsi la Banque centrale, en agissant sur son propre taux d'intérêt, exerce indirectement une influence sur les autres taux d'intérêt : on parle alors de « taux directeurs » ; il s'agit des trois taux que la Banque centrale contrôle, à savoir le taux de facilité de prêt marginal ; le taux de facilité de dépôt ; l'opération d' « open market ».

S'agissant plus précisément des objectifs recherchés par la politique monétaire, il existe deux écoles de pensée : selon certains économistes, parmi lesquels les keynésiens, la politique monétaire peut rechercher un **objectif de régulation conjoncturelle macro-économique**. A ce titre, la politique monétaire peut agir sur la production et l'emploi. Par exemple, pour faire baisser le niveau élevé du chômage tributaire d'une demande insuffisante, il faut réduire le taux d'intérêt ; cette réduction aura pour effet de stimuler la demande, permettant notamment (i) aux ménages d'emprunter plus aisément pour s'acheter des logements, dont les prix seront alors devenus abordables ; on peut ici penser au phénomène des « subprimes » des années 2008/2009 ; (ii) aux entreprises d'acquérir à moindre coût des biens d'équipement, renforçant de cette manière leur capacité de production ainsi que celle de recrutement des ressources humaines. Il s'en suit donc une augmentation de la demande, entraînant celle de la production et de l'emploi.

Pour d'autres penseurs, notamment les monétaristes, la politique monétaire ne peut pas avoir d'autre objectif que celui de **stabilité des prix**. Selon eux, à l'analyse, l'inflation a exclusivement pour causes des facteurs liés aux problèmes monétaires, du fait notamment de la création en quantité abondante incontrôlée de la monnaie. Donc, la politique monétaire, pour être efficace, doit veiller à une limitation stricte de la création monétaire, afin de ne pas connaître de dérapage en matière de niveau d'inflation.

4.2. Les instruments de la politique monétaire : Sur le plan structurel, l'instrument généralement utilisé est la Banque centrale, qui peut être ou non indépendante vis-à-vis du gouvernement, selon les pays. Au niveau de l'action idoine à mener, il existe essentiellement deux instruments classiques ou conventionnels : l'encadrement de crédit par le biais des intérêts ; l'opération d' « open market ».

Les autorités monétaires, dans leur nécessaire soutien à l'économie réelle, peuvent recourir à des instruments dits non-conventionnels. Cette solution intervient particulièrement en temps de crise financière, comme dans les années 2008 et 2009. Ces instruments viennent compléter d'une certaine manière les mesures prises dans d'autres domaines de l'économie, surtout lorsque le pays est soumis à un programme de redressement économique en partenariat avec les institutions de Bretton Woods (cas de l'ajustement structurel notamment). C'est souvent le lieu pour les différents acteurs d'innover en matière d'ingénierie financière. Sans que la liste soit exhaustive, nous pouvons mentionner les instruments non-conventionnels (INC) suivants :

INC 1 : Quantitative easing, ou assouplissement quantitatif, qui consiste en la création de monnaie en vue d'acheter des **titres de dette publique** sur les marchés financiers ;

INC2 : Credit easing, ou assouplissement des conditions de crédit ; la Banque centrale rachète des **titres de dette privée** (c'est notamment le cas des crédits hypothécaires et des obligations) ;

INC3 : Forward guidance, action pour la Banque centrale d'annoncer par avance sa future politique monétaire, question par ce biais de renforcer l'impact de sa politique sur les anticipations (rationnelles ou non) des marchés ;

INC4 : Les taux d'intérêt négatifs ; afin d'inciter les banques commerciales à financer l'investissement avec leurs dépôts à la Banque centrale ; celle-ci applique sur lesdits dépôts un taux d'intérêt négatif, qui constitue en fait une taxe sur les excès de réserves des banques commerciales ;

INC5 : L' « helicopter » money : c'est un mécanisme de création monétaire permanente, pratiquée par la Banque centrale. Ce mécanisme permet à la Banque centrale d'injecter directement de la monnaie dans l'économie, sans actifs en contrepartie du bilan, ou en instrumentalisant des actifs dits fictifs, à l'instar des dettes perpétuelles ; de la monnaie est distribuée à la population. Ici, on peut se souvenir de l'idée de Keynes, qui préconisait de « payer des ouvriers à creuser et reboucher des trous sur la chaussée ». Il s'agit par ce fait de consolider la demande, qui va à son tour stimuler l'offre au niveau de l'économie.

4.3. Les mesures de suivi de l'impact de la politique monétaire : Le développement vertigineux des marchés et des innovations financières rend plus complexe la surveillance de la création monétaire. Cette complexité de la situation justifie aussi la grande diversité des indicateurs devant permettre le suivi des effets de la politique monétaire. Ces indicateurs portent sur trois domaines, à savoir la masse monétaire, le crédit interne et l'endettement intérieur total.

Dans la mise en œuvre de la politique monétaire, les pouvoirs publics mettent l'accent sur le premier objectif que constitue **l'objectif quantitatif de progression de la masse monétaire**, au travers de l'agrégat monétaire M3. Mais face à l'accroissement du rôle des marchés de capitaux, internes et internationaux dans les financements des acteurs économiques qui viennent se greffer à l'action du système bancaire, un deuxième objectif s'impose : il s'agit de **l'objectif dit intermédiaire connu sous le nom de l'endettement intérieur total (EIT)**, qui est un agrégat de financement global.

Dans les économies contemporaines, le rôle central du secteur monétaire est incontournable. Il en résulte donc la nécessité de suivre l'évolution des principales grandeurs monétaires, appelées agrégats monétaires ; ces agrégats sont élaborés sur la base des données fournies dans le bilan du système bancaire. Les autorités monétaires se servent des agrégats monétaires pour nourrir et renforcer la réflexion sur les mutations enregistrées par le système bancaire et financier, et déceler des déséquilibres éventuels, susceptibles d'affecter la **stabilité monétaire**, au niveau des prix et des taux de change. Les agrégats monétaires sont appelés à remplir quatre fonctions principales : mesurer les encaisses monétaires détenues par les agents économiques ; suivre l'évolution des placements financiers des agents économiques ; détecter et mesurer les sources de création monétairc ; connaître les principales formes de financement de l'économie.

4.3.1. Mesurer les encaisses monétaires détenues par les agents économiques : Le caractère « monétaire » d'un actif se définit par sa disponibilité immédiate et la stabilité de sa valeur. Les encaisses monétaires sont mesurées par quatre agrégats M1, M2, M3 et M4, allant ainsi de la notion la plus étroite de la monnaie (M1) à la notion la plus large (M4) qui intègre les titres de créances émis par des agents non financiers. Les définitions des quatre agrégats sont détaillées dans le lexique à la fin du livre (Annexes). Ces agrégats sont calculés à partir des données fournies par les bilans des établissements qui constituent le système bancaire ; du fait de leur qualité de dette émise par les établissements bancaires, les agrégats monétaires sont inscrits au passif desdits établissements. À titre d'illustration, le tableau ci-dessous donne dans le cas de la France (avant l'avènement de l'euro), un exemple d'évolution des agrégats monétaires :

1. Évolution des agrégats monétaires

(Milliards de francs et pourcentages)

	1990	**1992**	**1994**	**1996**	**Variation 1990-1996**
M1	1 685	1 603	1 670	1 809	+ 7,3%
M2	2 944	2 807	3 003	3 357	+ 14,0%
M3	4 929	5 287	5 225	5 292	+ 7,3%
M4	4 979	5 343	5 296	5 372	+ 7,9%
PIB (a)	6 505	7 000	7 390	7 860	+ 29,8%

(a) En francs courants **Sources : Banque de France, INSEE**

La politique monétaire s'appuie sur les agrégats monétaires pour évaluer la capacité de dépense des agents économiques non financiers que sont notamment les ménages et les entreprises résidant dans le pays objet de cette politique. Il en résulte pour les autorités monétaires la possibilité d'identifier l'agrégat monétaire devant constituer **l'objectif « intermédiaire » de la politique monétaire**. Au vu du tableau ci-dessus, il a été relevé pour la France que face à l'instabilité de l'évolution de la masse monétaire du fait de substitution entre les divers actifs liquides, les objectifs ont été arrêtés plutôt en termes de « fourchettes ». Le coup de pouce de nouveaux produits de placement, dont principalement les titres d'OPCVM court terme intégrés dans M3 a contribué à expliquer le phénomène de substitution. L'agrégat M3 ainsi élargi a donc été retenu comme l'objectif recherché. Le tableau ci-après donne une idée sur l'importance des normes en matière de détermination de la masse monétaire (cas de la France) :

2. Normes de progression de la masse monétaire (a) en France

(Taux de croissance annuels en %)

Année	Objectif	Réalisation
1987	4,6	4,2
1988	4,0 – 6,0	4,0
1989	4,0 – 6,0	4,5
1990	3,5 – 5,5	- 0,7
1991	5,0 – 7,0	3,8
1992	4,0 – 6,0	5,8
1993	4,0 – 6,5	- 0,9
1994	5,0	0,9
1995	5,0	4,1
1996	5,0	- 3,2

(a) M2 jusqu'en 1990 ; M3 à partir de 1991

Source : Banque de France

4.3.2. Suivre l'évolution des placements financiers des agents économiques : en scrutant le comportement des placements financiers opérés par les agents économiques, les autorités monétaires relèvent les diverses mutations enregistrées, principalement entre le court terme et le long terme. L'analyse permet également d'identifier les frontières entre actifs monétaires et actifs non monétaires.

Pour raffiner l'analyse, il est procédé à la construction des agrégats dits de placement (P1, P2, et P3), par regroupement des actifs financiers n'ayant pas un caractère monétaire, en sous-ensembles distincts et homogènes. Le critère de regroupement est le niveau de proximité croissante avec les agrégats monétaires. Contrairement aux agrégats M, les agrégats P ne s'emboîtent pas entre eux, du fait de l'éventail très vaste des placements dont ils sont tributaires. Ainsi distingue-t-on :

P1 : ce sont des placements stables et non négociables sur un marché ; leur stabilité est due aux termes du contrat qui favorise leur détention jusqu'à l'échéance ;

P2 : ici sont regroupés les obligations et les titres d'OPCVM obligataires et les placements assurance-vie ;

P3 : il s'agit des placements des actions et des titres d'OPCVM actions détenus par les agents non financiers.

L'analyse des agrégats de placement permet de faire ressortir le poids des placements dans le patrimoine des agents non financiers.

Le cas de la France est donné à titre d'exemple dans le tableau qui suit :

3. Evolution des agrégats de placement

(Milliards de francs et pourcentages)

	1990	**1992**	**1994**	**1996**	**Variation 1990-1996**
P1	776	1 087	1 456	1 916	+ 246%
P2	1 644	2 212	3 017	3 850	+ 234%
P3	9 674	12 791	17 019	18 578	+ 192%

Source : Banque de France

4.3.3. Détecter et mesurer les sources de la création monétaire : L'exploitation des statistiques fournies par la Banque centrale permet d'identifier les principaux canaux de la création monétaire. Pour ce faire, il est nécessaire de construire le bilan consolidé des institutions que comporte le système bancaire. Parmi ces institutions figurent notamment les établissements de crédit, la Banque centrale elle-même et la Poste (du fait de ses opérations financières). Un modèle de bilan consolidé est celui de la France :

4. Bilan consolidé du système bancaire français en 1996

(En milliards de francs)

ACTIF		PASSIF	
Créances sur l'extérieur	471	M3	5 292
Créances sur l'État	2 173	Éléments de P1	1 507
Créances sur l'économie	7 266	Ressources stables	3 265
Divers	388	Prévisions pour créances douteuses	234
Total	10 298		10 298

Source : Banque de France

Les sources de création monétaire constituent **les « contreparties » de la masse monétaire**. Trois sources principales apparaissent du bilan consolidé :

a. La contrepartie extérieure : il s'agit de la création monétaire issue des opérations entre le pays et l'extérieur ; ces opérations extérieures sont de deux types, (i) les opérations de la Banque centrale elle-même : lorsque par exemple la Banque de France achète ou vend des devises sur le marché des changes afin d'assurer la stabilité du franc, elle vend ou achète du franc de contrepartie, ce qui crée ou détruit de la monnaie ; (ii) les opérations des banques : quand les banques prêtent ou empruntent du franc à des non-résidents, elles créent ou détruisent de la monnaie par ce processus.

L'évolution de la contrepartie extérieure est directement corrélée à la situation de la balance des paiements. La balance globale, constituée des transactions courantes et des mouvements de capitaux à long terme, peut être déficitaire ou excédentaire : lorsqu'elle est excédentaire, elle induit une création monétaire extérieure, du fait de l'accumulation de réserves de change de la Banque centrale (ici la Banque de France) et de créances extérieures du système bancaire.

b. La contrepartie « créances nettes sur l'État » : Cette contrepartie est la conséquence de l'endettement de l'État auprès du système bancaire.

c. La contrepartie « créances sur l'économie » : Elle est constituée des financements accordés par le système bancaire aux agents économiques non financiers (autres que l'État) que sont les ménages et les entreprises.

Il ressort du bilan consolidé des agrégats monétaires du système bancaire que cette contrepartie est la source essentielle de création monétaire ; dans le cas de la France elle est supérieure à 70% de l'ensemble des sources de financements identifiés.

La surveillance de l'évolution de la création monétaire se fait grâce à un indicateur construit par les autorités monétaires. Cet instrument est connu sous le nom de **« crédit interne ».** Il regroupe les éléments des deux contreparties b et c décrites ci-dessus, à savoir « créances nettes sur l'État » et « créances sur l'économie ». L'utilité de cet indicateur réside dans sa capacité de meilleure appréciation par les autorités monétaires, des principaux facteurs explicatifs de l'évolution de la masse monétaire. Les éléments d'analyse sont entre autres :

- l'évolution du crédit interne comparée à celle du Produit intérieur brut (PIB) ;

- la détermination du facteur le plus dynamique du crédit intérieur ;

- le rapprochement entre ce facteur et des périodes de déficits de l'État et une éventuelle capacité de financement des entreprises, au sens de la comptabilité nationale ;

- le phénomène du processus de « **mobiliérisation** » des financements bancaires. Explication du phénomène : en dehors des crédits bancaires, qui relèvent de l'intermédiation classique, peuvent apparaître des types de financements dits « mobiliérisés », **par achat de titres**, ce qui est parfois qualifié d' « **intermédiation de marché** ».

5. Évolution du crédit interne

(Milliards de francs et pourcentages)

	1990	**1992**	**1994**	**1996**	**Variation 1990-1996**
1. Créances nettes sur l'État	990	1 071	1 626	2 173	+ 220,0%
Dont :					
- Titres	675	824	1 347	1 863	+ 276,0%
-Autres créances	315	247	279	310	- 2,6%
2. Créances sur l'économie	6 804	7 415	7 062	7 266	+ 6,8%
Dont :					
- crédits	5 932	6 517	6 373	6 357	7,2%
- Titres	872	898	689	909	+ 4,2%
Total du crédit interne (1) + (2)	**7 794**	**8 486**	**8 688**	**9 439**	**+ 21,1%**

Source : Banque de France

4.3.4. Connaître les principales formes de financement de l'économie : Le vent de libéralisation et d'innovations financières des années 1990 a produit un effet important sur les agents économiques. Ceux-ci en ont récolté une diversification des sources de financement, leur donnant plus particulièrement la possibilité de choix entre recours au crédit et émission de titres. Il en résulte que :

(i) le crédit interne ne retrace qu'une partie du financement de l'économie, celle couverte par les institutions financières qui composent le système bancaire. Cet indicateur (le crédit interne) que nous avons décrit plus haut, permet de suivre la création monétaire ; mais il reste trop étroit lorsqu'il s'agit de connaître l'évolution du financement de l'économie. D'où la nécessité de construire un **agrégat de financement global, connu sous le nom de l'endettement intérieur total (EIT)** ;

(ii) l'EIT par définition, mesure l'ensemble des financements des agents non financiers résidents obtenus par voie d'endettement (a) auprès des établissements de crédit, (b) directement sur les marchés de capitaux, dans le pays concerné et à l'étranger. Comme l'illustre l'exemple de la France dans le tableau ci-après, l'endettement intérieur total a trois composantes : (a) les crédits distribués par le système bancaire ; (b) les financements obtenus sur les marchés monétaire et obligataire internes ; (c) les financements reçus de l'étranger sous forme de crédits d'émissions obligataires.

Au vu des statistiques, les crédits bancaires constituent la source de financement la plus importante ; on constate par ailleurs que le poids des financements de marché croît plus vite que celui des crédits bancaires.

(iii) l'accroissement rapide du poids des financements de marché par rapport aux crédits bancaires a pour conséquence une transformation de la structure de l'EIT ; cette transformation est tributaire du processus dit de « marchéisation » et de « désintermédiation » des financements. Il convient cependant de relativiser pour certaines économies (française notamment), l'importance du mécanisme de « désintermédiation » des financements.

Avec l'agrégat M3, l'EIT est le deuxième indicateur qualifié d'**objectif intermédiaire de la politique monétaire**. En effet, la surveillance de l'EIT

- Renseigne sur les ressources d'emprunt dont disposent les agents économiques ;

- Permet d'apprécier le risque possible d'augmentation excessive de la demande interne, qui serait la conséquence d'un niveau élevé de l'EIT, susceptible de compromettre la stabilité des prix. Rappelons que **l'objectif final** de la politique monétaire est **la stabilité des prix**.

6. Evolution de l'endettement intérieur total

(Milliards de francs et pourcentages)

	1990	**1992**	**1994**	**1996**	**Variation 1990 - 1996**
Crédits (a)	6 247	6 764	6 652	6 667	+ 6,7%
Financements sur les marchés internes	1 925	2 393	3 135	3 916	+ 203,0%
Dont : -Marché monétaire	702	886	1 78	1 321	+188,0%
-marché obligataire	1 223	1 507	2 057	2 595	+ 212,0%
Crédits et obligations internationaux	186	225	259	292	+ 157,0%
Endettement intérieur total	8 357	9 383	10 045	10 869	+ 30,0%
Dont : - État	1 746	2 062	2 381	3 486	+ 200,0%
- Sociétés	3 533	4 017	3 793	3 737	+ 5,8%
- Ménages	2 392	2 469	2 496	2 591	+ 8,3%

(a) Cette rubrique correspond aux postes : crédits à l'économie et autres créances sur l'Etat du tableau 4.

Source : Banque de France.

Au vu des développements présentés dans ce chapitre, nous pouvons relever que la qualité d'une monnaie réside dans la manière dont elle est gérée. La délicatesse de cet exercice est universelle, ce qui n'autorise pas des velléités qui s'écarteraient de l'expertise en la matière, conduisant à des manipulations inappropriées. Il est donc crucial à ce stade, d'attirer l'attention sur quelques précautions fondamentales, que requiert la bonne gouvernance :

L'importance du processus de création de la monnaie

Il existe dans une économie trois grandes « théories » susceptibles d'expliquer les variations de la quantité de monnaie : la théorie de l'intermédiation ; la théorie de la réserve fractionnaire, et la création de la monnaie par les banques de second rang.

(a) La théorie de l'intermédiation : selon cette théorie, les banques (essentiellement commerciales encore dites privées) sont considérées comme des intermédiaires entre des déposants et des emprunteurs. En d'autres termes, ces banques ne créent pas la monnaie, mais elles se servent de cette épargne pour octroyer des prêts, à partir des fonds préalablement collectés. Un double questionnement permet de réaliser que cette théorie intuitive est en fait erronée ; comment réconcilier cette thèse avec l'explosion du crédit et de la masse monétaire d'une part, et d'autre part quelle est l'origine des dépôts permettant d'assurer cette dynamique ?

(b) La théorie de la réserve fractionnaire : d'après les tenants de ce processus, un dépôt dans une banque serait recyclé de manière à donner un prêt et un pourcentage mis en réserve à la Banque centrale ; le montant prêté sera à son tour déposé en partie dans une autre banque qui en prêtera elle-même une partie, etc. Le processus est ainsi auto-entretenu, et fait penser au multiplicateur monétaire dont il apparaît comme corollaire. Tout comme dans la théorie précédente, la question de l'origine de la monnaie objet du dépôt initial reste posée.

En définitive, ces deux théories ici exposées ne permettent pas de dire comment est créée la monnaie.

(c) La création de la monnaie par les banques : ce sont les banques commerciales (notamment privées et à but lucratif) qui créent la monnaie ex nihilo dans la mise en œuvre des prêts qu'elles accordent après étude des dossiers de demande de prêt. Cette théorie seule est exacte et empiriquement fondée. Donc, la création monétaire par les banques de second rang est fonction de la demande de crédits, elle est ainsi endogène au cycle économique. Il est important de savoir que ce pouvoir des banques privées de créer la monnaie est encadré par des contraintes juridiques ; d'où l'expression bien connue « les crédits font les dépôts ». Seuls les établissements de crédits sont capables d'octroyer des crédits notamment à des opérateurs économiques, sans en soustraire à d'autres. La monnaie ainsi créée est émise en contrepartie de crédits, elle correspond à la « monnaie-dette ».

Une attention particulière doit également être portée sur l'importance de la Banque centrale.

Comprendre[22] le rôle de la Banque centrale, encore appelée « Banque des banques »

(a) Le monopole de la création de la « monnaie centrale » : la « monnaie centrale » sert uniquement aux échanges entre banques.

(b) La création de la monnaie est soumise à des règles qui en limitent le pouvoir, tant au niveau des banques de second rang qu'à celui de la Banque centrale : la monnaie scripturale, qui est enregistrée dans les comptes des particuliers notamment, est créée ex nihilo par les banques commerciales (banques de second rang), qui doivent prendre les dispositions idoines pour (i) des ratios imposés entre autres en application des règles de Bâle limitant leur capacité de crédit, (ii) éviter comme toute entreprise, d'être durablement déficitaire et (iii) tenir compte de la nécessité de faire face aux demandes de monnaie centrale par leurs clients (retrait d'espèces par exemple) et leurs consœurs aux fins des paiements sur le marché interbancaire.

La Banque centrale est nantie du privilège exorbitant de créer sans limite de la monnaie centrale, lui permettant de fonctionner sur le plan juridique avec des fonds propres négatifs. Cependant, une Banque centrale fait face à deux difficultés pertinentes à savoir d'une part son incapacité éventuelle à honorer des demandes de devises étrangères et d'autre part, le risque d'appréciation de la monnaie dont elle est garante, auquel dans certains cas, se trouve greffé le risque d'inflation.

(c) Sur le plan de l'activité économique, le rôle de la monnaie est primordial : globalement, il existe une corrélation positive entre développement de la masse monétaire et croissance du produit

---

[22] VARIANCES du jeudi 11 avril 2024, le WEBZINE DES ENSAE ALUMNI : article publié par Nicolas Dufrêne, Gaël Giraud, Alain Grandjean. Environnement et Politique monétaire.

intérieur brut (PIB). Sur ce point fondamental et sensible, il faut absolument relever et éteindre des malentendus susceptibles d'induire des velléités nocives au niveau des liens monnaie, activité et inflation :

- Ne **pas recourir à la « planche à billets »** : la création monétaire se fait sur la base d'un trait d'écriture, d'où la tentation de certains gouvernements de recourir à la « planche à billets » qui déboucherait sur de nombreux risques dont la corruption, l'abus de pouvoir et la perte de valeur de la monnaie ;
- **La création de la monnaie n'est pas nécessairement inflationniste**, de même qu'un surcroît de création monétaire ne se traduit pas par une hausse des prix : dans la gestion de la monnaie unique commune africaine, la Banque centrale est appelée à veiller sur le niveau de l'inflation et la valeur de la monnaie, dont des seuils cibles devraient être fixés et respectés. Pour son action, la Banque centrale dispose de l'outil principal qu'est le taux d'intérêt directeur, qu'elle détermine de manière discrétionnaire.
- **Les liens qui existent entre la monnaie, sa vitesse de circulation**, **les taux d'intérêt, l'activité, l'emploi et l'inflation sont inextricables**, à cause du nécessaire recours à plusieurs paramètres d'analyse. À titre d'illustration, une interprétation simpliste de la célèbre équation quantitative due à Irving Fisher ($Mv = PQ$, avec M, v, P et Q désignant respectivement la masse monétaire, la vitesse de circulation de la monnaie soit le nombre de fois que l'unité monétaire change de main en une année, le niveau des prix et la production ou activité) rappelée au chapitre 3, on en vient à déduire parfois que toute augmentation de M fait monter P, ce qui est erroné. C'est le lieu de relever que la vitesse de circulation n'est pas statique, car elle dépend en particulier des taux d'intérêt et plus généralement des rendements monétaires des différents placements ; la hausse du niveau d'activité peut induire une augmentation de la masse monétaire, du fait d'une hausse de la demande de crédit. De plus, de nombreux paramètres interviennent, tels que le taux

d'emploi des moyens de production, y compris la main-d'œuvre, ainsi que la balance commerciale.

- **En conclusion**, il est faux d'affirmer que la création monétaire, lorsqu'elle augmente, est toujours inflationniste ; on n'observe pas une corrélation stable entre création monétaire et niveau général des prix.
- Par ailleurs, **s'agissant de la crédibilité de la monnaie**, elle se joue au niveau international : d'où la nécessité de respect des règles prudentielles édictées par le Comité de Bâle en direction des établissements bancaires : en effet, à la suite de la crise des « subprimes » des années 2007-2008, des initiatives impulsées par le Conseil de stabilité financière et le G20 ont débouché sur la réforme Bâle III. Au vu du rôle du système financier dans le financement de l'économie réelle, du caractère international des institutions financières et du coût final supporté par les États (notamment au travers des plans de soutien public), la coordination des interventions de régulateurs est devenue incontournable. L'objectif de Bâle III est triple : renforcer le système financier ; garantir un niveau minimum de capitaux propres et renforcer la solidité financière des banques. Il en résulte une batterie de ratios à respecter avec rigueur : ratio de liquidité pour les banques internationales ; ratio dit « d'effet de levier » ; redéfinition des fonds propres réglementaires ; révision de la couverture de certains risques ; adoption des mesures contracycliques et l'ajustement de valeur du crédit (CVA).

Lorsque les conditions sont réunies, plusieurs pays peuvent se regrouper au sein d'une zone monétaire.

TROISIÈME PARTIE

LES ZONES MONÉTAIRES

Chapitre 5

Les enjeux d'une zone monétaire

5.1. La définition d'une zone monétaire : Par définition, une zone monétaire est un espace géographique constitué de pays ayant choisi de posséder en commun une monnaie, encore appelée devise. Cet espace peut également regrouper des pays dont la monnaie locale est rattachée à une monnaie de référence externe. Entre la monnaie locale et la monnaie de référence, il existe un taux de change fixe.

Dans la réalité, il est possible de trouver au moins deux types de zone monétaire. Il peut également y avoir entre les deux, un système intermédiaire consistant en une double circulation monétaire : (i) la monnaie locale et la monnaie de référence sont admises dans les transactions internes ; (ii) seuls des types d'opération interne sont éligibles au processus de la zone. La monnaie de référence est alors commune, mais elle n'est pas unique. Le système ainsi défini est transitoire, compte tenu des problèmes de stabilité qu'il crée à l'usage, du fait de la concurrence entre les deux monnaies.

Une zone monétaire peut être formelle ou informelle. La zone dollar (dollar américain et toutes les monnaies qui lui sont rattachées) est un exemple de zone monétaire informelle. Au titre des zones formelles, la zone franc (Afrique de l'Ouest, Afrique du Centre, Comores) est un exemple. Dans son sillage se trouvent notamment la zone sterling et surtout la zone euro, parmi les plus récentes. S'agissant plus spécifiquement de la zone franc, qui fera l'objet de plus de développement dans la suite de nos travaux, il faut relever un constat aberrant : alors que la monnaie de la France – qui a d'ailleurs disparu avec l'avènement de l'euro – sert de référence à la zone franc (d'où son nom), ce pays n'est pas soumis aux mêmes obligations monétaires.

Au titre de zones monétaires d'influence, nous pouvons citer les plus importantes actuellement connues dans le monde :

1. La zone euro, identifiée à travers la monnaie euro ;
2. La zone dollar, pour ce qui est du dollar des États-Unis d'Amérique ;
3. La zone franc suisse (Suisse, Liechtenstein) ;

4. Une zone franc CFA[23], sous l'égide de la France, qui agit sur les marchés afin de maintenir une parité plus ou moins fixe de cette monnaie (le franc CFA) par rapport à l'euro.

Toutes les zones monétaires ne fonctionnent pas selon le même mécanisme. À côté de la zone franc déjà mentionnée, sur laquelle nous reviendrons de manière plus détaillée, nous allons nous appesantir sur la zone euro.

La zone euro regroupe des économies partenaires comparables, soumises aux mêmes efforts par rapport au mécanisme de fonctionnement de la communauté qu'est l'Union européenne. La zone euro vise l'objectif de se conformer à la théorie des zones monétaires optimales. Selon cette théorie, les chances de succès sont plus grandes entre économies concurrentes qu'entre économies complémentaires. Les travaux de l'économiste prix Nobel 1999, le Canadien Robert Mundell, ont été consacrés à cette théorie. Pour bien fonctionner en évitant des déséquilibres provoqués par une crise localisée, encore appelée « choc asymétrique », les facteurs de production que sont essentiellement le capital et le travail, doivent circuler librement à l'intérieur de la zone, ou bien le budget central doit compenser les déficits du pays en crise. Mais le constat nous enseigne que les citoyens européens ne sont pas mobiles au sein de la zone, au point où par exemple les chômeurs français pourraient aller chercher du travail en Irlande ; par ailleurs, le budget européen n'est pas préparé à porter secours au pays victime du « choc », à la hauteur de celui-ci, par des transferts requis.

5.2. Les caractéristiques d'une zone monétaire optimale : L'existence d'une zone monétaire ne se justifie que par les avantages qu'elle procure à ses pays membres. Dans le cas contraire, il est plus sage pour les différents pays concernés de garder chacun leur monnaie nationale. Alors s'il advient des chocs extérieurs, chaque pays dispose d'une marge de manœuvre pour faire fluctuer sa monnaie et s'en servir comme instrument d'ajustement aux fins de préservation de la stabilité économique.

Au terme de ses travaux consacrés à la zone monétaire optimale, l'économiste Robert Mundell préconise quatre critères requis pour une

---

[23] Au moment du passage à l'euro, 1 FCFA = 0,01 FF depuis 1994. Aujourd'hui, 1 euro = 655,957 francs CFA

zone monétaire optimale. Les quatre critères d'éligibilité d'une zone monétaire qui se veut optimale sont les suivants :

5.2.1. La mobilité des ressources humaines (les travailleurs) : les chercheurs d'emploi doivent pouvoir travailler dans n'importe quel autre pays de la zone, en dehors de celui dont ils sont ressortissants.

5.2.2. Le libre mouvement des flux de capitaux.

5.2.3. La diversification de l'économie de la zone.

5.2.4. L'existence d'un système fiscal permettant le transfert des capitaux d'un pays à un autre (système de crédit d'impôt).

La condition fondamentale pour que les pays membres d'une zone monétaire affichent la même réaction face aux chocs extérieurs, c'est la réalisation de ces quatre critères au sein de la zone. C'est cette condition qui lui confère la qualité de zone monétaire optimale. Lorsqu'une zone monétaire n'est pas optimale, ses pays membres doivent garder chacun leur monnaie nationale. Ainsi chaque pays peut, en fonction de ses problèmes spécifiques, faire fluctuer sa monnaie, qui alors lui sert d'outil d'ajustement pour préserver la stabilité économique.

Il faut relever que la théorie de la zone monétaire optimale comporte des insuffisances. La principale faille de cette théorie, c'est la non prise en considération d'une possibilité ultérieure d'adhésion d'un pays donné, une fois que l'existence de la zone monétaire optimale est établie. Pour cette théorie, l'accent est exclusivement mis sur la création d'une zone monétaire homogène.

Un exemple de zone monétaire optimale est fourni par la zone monétaire européenne, entrée en vigueur le 1er janvier 1999. Le modèle de zone monétaire optimale est à la base de la création de la zone euro. Mais à l'examen, force est de constater que cette zone ne respecte pas deux des quatre critères énoncés plus haut en 5.2. :

(i) le mouvement des ressources humaines présente des insuffisances, car il n'est effectif que pour les cadres. Pour des raisons de langue et de disparité des droits sociaux entre les pays, les ouvriers ne peuvent pas changer de pays en quête d'emploi ;

(ii) le système fiscal n'est pas harmonisé au sein de l'Union européenne.

Les insuffisances ici relevées ne font cependant pas l'unanimité parmi les analystes. Pour les uns, les limites de la théorie de Mundell sont reconnues, avec la nuance qu'elles servent plutôt à démontrer la possibilité de créer une zone monétaire, même en l'absence d'homogénéité. À titre illustratif, la qualité de devise majeure acquise par l'euro limite le coût des importations, notamment d'un produit comme le pétrole. Pour d'autres, la zone euro a rencontré beaucoup de difficultés à relancer son économie à la suite de la crise de 2008 : la croissance a été négative en 2012, et sans perspectives encourageantes pour 2013. La zone a alors fait face à la nécessité de renflouer certains pays frappés de plein fouet par la crise, dont une des conséquences a été un taux de chômage de 11% en 2013. Pour Mundell, « L'avènement de l'euro peut s'avérer être le développement le plus important au sein des arrangements monétaires internationaux depuis l'émergence du dollar en tant que monnaie dominante peu après la création de la banque centrale des États-Unis, le système fédéral de réserve en 1933 ».

5.3. Les effets directs de la politique monétaire : Les effets directs de la politique monétaire se manifestent à travers deux canaux possibles, que sont le canal du taux d'intérêt et celui du taux de change.

5.3.1. Les trois effets du canal du taux d'intérêt :

(i) effet de substitution : une variation du taux d'intérêt a pour conséquence entre autres, la révision de l'arbitrage entre dépense immédiate et épargne (qui est une dépense différée) ; dans le cas d'une hausse du taux d'intérêt, il peut y avoir attractivité de l'épargne et frein de la dépense ;

(ii) effet de revenu : en fonction de la position créditrice ou débitrice des agents économiques, il peut y avoir relèvement des revenus ou plutôt augmentation des frais financiers. Au niveau global, l'effet revenu sera fonction de la position nette de l'ensemble des agents économiques ;

(iii) effet de richesse : une hausse du taux d'intérêt aura tendance à faire baisser les prix des actifs, c'est – à – dire la somme actualisée des flux de revenus futurs attachés à leur possession. Les agents économiques seraient poussés à épargner, ce qui aura pour effet d'accroître le premier effet de substitution.

Au total donc,

La dépense provoquée par la combinaison des effets ci-dessus suppose qu'à la suite d'une variation d'un taux d'intérêt du marché monétaire, ce sont les taux à long terme qui réagissent. C'est de ces taux que dépendent la consommation des biens durables et l'investissement immobilier en équipement. La réaction de ces taux sera fonction de la crédibilité de la Banque centrale et des anticipations d'inflation une fois accomplie l'intervention de la Banque centrale. On relève tout de même une certaine hétérogénéité de la transmission à ce niveau, avec notamment les secteurs relatifs à la construction, aux biens d'équipement ou aux biens durables qui sont plus sensibles, comparativement aux autres.

5.3.2. Les effets par le canal du taux de change : lorsque la Banque centrale fait varier ses taux directeurs, il peut en résulter des fluctuations de change ; (i) hors de toute perturbation, une hausse des taux directeurs de la Banque centrale induit un accroissement du rendement anticipé des produits dont les taux sont libellés en monnaie nationale, et le taux de change s'apprécie ; (ii) si l'on agit sur les prix ainsi que sur la compétitivité des entreprises nationales, la modification du change a par ricochet un impact sur l'économie réelle ; (iii) l'impact sur les taux longs sera tributaire également de la crédibilité de la Banque centrale et des anticipations d'inflation ; (iv) de manière générale, l'impact d'une variation des taux directeurs sur le taux de change relève du court terme : à long terme, ce sont la parité du pouvoir d'achat et la position extérieure nette de l'économie qui s'imposent ; (v) s'agissant plus spécifiquement de la zone euro, le degré d'ouverture sur l'extérieur reste faible, avec un poids de 15% à peine en 2000, par rapport au PIB de la zone, en termes de total des exportations et des importations. Cette faible performance limite à n'en point douter, l'importance du taux de change en tant que canal de transmission de la politique monétaire.

Chapitre 6

La genèse et l'évolution historique du franc CFA

Comme nous l'avons développé dans les chapitres précédents, la monnaie est un instrument indispensable et incontournable dans une économie, même si celle-ci relève d'une colonie. Les pays colonisés d'Afrique n'ont pas échappé à la règle, d'où la création du franc des **C**olonies **F**rançaises d'**A**frique : voilà le nom originel du franc CFA. Il se trouve que la France, qui a elle-même souffert de l'occupation de l'Allemagne, s'est à son tour inspirée de l'Allemand Hermann Göring, grand-père[24] du franc CFA, pour instaurer le franc CFA dans ses colonies, parvenant ainsi à mettre en place la zone franc qui a survécu, pour l'essentiel, aux indépendances des États membres.

La création du franc CFA date du 25 décembre 1945. Elle est concrétisée par le décret n°45-0136 en son article 3, publié au Journal officiel français du 26 décembre 1945. Ce décret porte les signatures de Charles de GAULLE (président du Gouvernement provisoire, qui est donc le père du franc CFA), René PLEVEN (ministre des Finances) et Jacques SUSTELLE (ministre des Colonies). Voir en Annexe 6 un Extrait du livre de Pierre Péan, dans lequel il décrit la naissance de la Communauté africaine.

6.1. L'influence des Allemands à la Banque de France

Nommé par Hermann Göring ambassadeur plénipotentiaire à Paris, Hemmen va négocier et obtenir l'institution des commissaires allemands à la Banque de France. Dans son livre « Les Finances de la France et l'occupation allemande » publié aux éditions PUF en 1951, Pierre Arnoult rappelle l'annonce faite le 9 mai 1941 par Hemmen : « L'amiral Darlan...avait approuvé l'établissement des commissaires allemands à la Banque de France aux devises et au commerce extérieur et l'institution d'un contrôle douanier aux frontières ».

---

[24] AGBOHOU Nicolas (1999), Le franc CFA et l'euro contre l'Afrique, Solidarité mondiale A.S., Paris ; site web : www.solidaritemondiale.com

Ainsi introduits au sein de la Banque de France, les Allemands vont asseoir leur mécanisme monétaire. Celui-ci comporte trois phases :

Phase 1 : la modification unilatérale en faveur de l'Allemagne du taux de change entre le mark (monnaie allemande) et le franc français ;

Phase 2 : l'invention des monnaies coloniales ;

Phase 3 : le clearing ou compte d'opération.

La mise en œuvre méticuleuse de la phase 1 se traduit par la manipulation du taux de change par l'Allemagne au détriment de la France. Comme le décrit René SÉDILLOT dans son livre « Le Franc enchaîné », la parité de 20 francs choisie et imposée par les Allemands (vainqueurs), traduit une politique punitive à l'encontre de la France (défaite). L'Allemagne s'adjuge ainsi un pouvoir d'achat exorbitant, permettant une exploitation sans scrupule de toutes les richesses locales.

Par le biais du taux de change, les occupants donnaient l'illusion de ne rien voler, et ils payaient « sans marchander », admirés par des Français. Pourtant, ceux-ci étaient exposés aux caprices des Allemands qui pouvaient ainsi les dévaliser sans ménagement et transférer à leur aise, de France vers l'Allemagne, d'importantes réserves de valeurs réelles, grâce à une stratégie monétaire savamment orchestrée. En fixant le taux de change du mark à 20 francs contre le franc français, les Allemands doublaient pratiquement leur pouvoir d'achat dans le pays occupé, ce qui constituait l'assurance d'un enrichissement automatique du Reich et un appauvrissement automatique de la France.

6.2. Le caractère pernicieux de la création monétaire instaurée par les Allemands

En fixant de manière unilatérale le taux de change du mark, l'Allemagne créait en France une prime à l'exportation sans contrepartie, ce qui constituait une solution en faveur des Allemands, du problème des frais de transferts. Les Allemands envoient en France des marks spécifiques fabriqués à dessein en Allemagne : ils leur conféraient un cours légal dans les territoires occupés. Donc, le mark en circulation en France n'avait rien à voir avec les billets qui circulaient en Allemagne. Afin de protéger l'Allemagne contre le risque d'inflation, les coupures en cours en France étaient émises en Allemagne par des caisses spéciales connues sous le nom de

« Reicheskreditkassen ». Ce système de caisses de crédit et de billets résultait d'une innovation ingénieuse allemande. Il était expérimenté dans d'autres pays : Pologne, Danemark, Norvège ; dans son extension, ce système s'implantait progressivement en France, en Belgique et aux Pays-Bas, ainsi qu'au Luxembourg. Loin de s'arrêter en si bon chemin, le système allemand va prospérer dans les Balkans et en Ukraine. Les Japonais s'en inspireront plus tard en Extrême-Orient, en créant à leur usage une monnaie dite « militaire »[25].

6.3. La transposition du système monétaire d'occupation allemand dans les colonies françaises d'Afrique : la naissance du franc CFA et de la zone franc

Pour mieux comprendre le caractère pernicieux du franc CFA, il faut analyser le mécanisme d'acquisition des francs par les touristes en France d'une part, et par les occupants allemands d'autre part. En réalité, l'opinion publique française abusée, confondait les acheteurs allemands avec les touristes. Les uns comme les autres payaient a priori en monnaie légale ; mais les touristes achetaient leurs francs avec des devises, alors que les occupants allemands payaient avec des billets émis par eux-mêmes, ou qui leur avaient été fournis par le Trésor français au titre des frais d'occupation. En d'autres termes, le mark utilisé en France était complètement différent de celui qui circulait en Allemagne.

L'innovation allemande a été transposée en Afrique au travers du franc CFA. Les fonds apportés en Afrique par les Français étaient constitués de billets imprimés par leurs soins en francs français (aujourd'hui en euros) ; ils conféraient à ces billets un cours légal **spécifique** dans les territoires des États membres de la zone franc. Pendant longtemps donc, l'opinion publique africaine, abusée elle aussi comme le fut l'opinion publique française pendant l'occupation allemande, a confondu les coopérants français (civils et militaires) avec les touristes : les uns comme les autres s'acquittent a priori en monnaie légale qu'est le franc CFA. Mais les touristes achètent leurs francs CFA avec des devises, alors que les coopérants français paient avec des billets qu'ils ont émis eux-mêmes. À l'évidence, il y a lieu de relever que : (a) le franc français introduit en Afrique était différent du franc

---

[25] **SÉDILLOT René** (1951 ??), Le Franc enchaîné : Histoire de la monnaie française pendant la guerre et l'occupation, Librairie du Recueil Sirey, pp. 101-105. Pour la modification du taux de change entre le mark et le franc français, lire les Ordonnances des 17 mai et 20 juin 1940.

français qui circulait en France (où l'euro a aujourd'hui cours légal) ; (b) les billets ne provenaient pas de la Banque de France : celle-ci se protégeait contre le risque d'inflation, d'où une certaine aisance à inonder en papier (monnaie) les territoires « occupés » (sur le plan monétaire) ; (c) les coupures ayant cours en Afrique étaient émises par des caisses spéciales, connues sous le nom d'institut d'émission des francs CFA : plus concrètement, ces coupures étaient fabriquées par l'imprimerie de la Banque de France située à Chamalières[26] près de Clermont – Ferrand (Auvergne, France).

Il convient de rappeler à titre d'illustration de la stratégie du système monétaire de l'occupant allemand l'existence des billets de banque allemands du ghetto de Theresienstadt pendant la deuxième Guerre mondiale. Effectivement, pendant la deuxième guerre mondiale en Allemagne, des billets spécifiques furent émis dans certains ghettos et camps de concentration. Cet argent avait pour objectif d'assurer l'existence d'une économie spécifiquement cloisonnée, derrière des murs fermés. Pour réaffirmer son caractère plus qu'informel, cette économie était dotée de billets de banque différents des billets de banque réguliers employés à l'extérieur, ce qui rendait plus difficile toute tentative d'évasion.

6.4. Les quatre principes de la zone franc CFA

La zone franc CFA est régie par quatre principes : la fixité des parités, le compte d'opérations, la libre convertibilité et la libre transférabilité.

6.4.1. Le principe de la fixité des parités

A. L'inconvénient de l'arrimage du franc CFA à un franc français au pouvoir d'achat en baisse régulière : à l'observation, le constat est évident : le franc CFA est rattaché à un franc français dont le pouvoir d'achat connaît une baisse continue. D'où les sept dévaluations historiques du franc enregistrées au cours du XXe siècle. Le franc connaît de ce fait un affaiblissement quantitatif, qui se traduit en termes de réduction de pouvoir d'achat et de valeur or, et aussi de baisse de taux de change par rapport aux devises étrangères. La France fait face à une détérioration de la valeur réelle intrinsèque de sa monnaie ; comparativement aux devises étrangères, on relève que sa valeur réelle

[26] Libération du 15 septembre 2004 : Le franc CFA, « Une monnaie apparemment sans histoire, imprimée à Chamalières par la Banque de France ».

diminue plus que celle du dollar, de la livre et du mark. Le franc subit une dépréciation quasi structurelle de son taux de change. Ce processus persiste tout au long du XXe siècle, sur un double plan : à l'intérieur du pays, le pouvoir d'achat connaît une érosion presque continue en biens et services ; au niveau international, la dépréciation du franc, qui se traduit par la diminution de sa valeur or ou en devises étrangères, inquiète. Les conséquences du comportement historique du franc français sur le franc CFA sont préoccupantes.

B. La surévaluation structurelle du franc CFA arrimé à l'euro : alors ministre de l'économie et des finances de la France, Monsieur Dominique Strauss-Kahn déclare devant le Comité intérimaire du Fonds monétaire international, le 27 avril 1999, que « Nous avons créé l'euro pour qu'il soit une devise forte et stable »[27].

C. L'appauvrissement des Africains par l'euro fort : (a) la surévaluation du franc CFA appauvrit doublement les exportateurs africains, car (i) ils deviennent de moins en moins compétitifs (pertes des parts significatives de leurs marchés étrangers au profit des concurrents mondiaux), (ii) ils perdent au change dans la conversion de leurs recettes d'exportations en euros ; (b) une illustration de cette perte est donnée par Monsieur Franck Merceron, directeur de l'Organisation Non Gouvernementale (ONG) suisse Helvetas, qui soutient un programme de coton bio et équitable en Afrique : selon cette ONG, les pertes financières dues à l'appréciation de l'euro et par ricochet à la surévaluation consécutive du franc CFA, sont énormes, car « le change nous fait perdre 40% du prix »[28]. On constate par ailleurs que les Africains s'appauvrissent davantage avec un euro plus fort que le dollar.

D. Une austérité économique inefficace : le 17 septembre 1992, intervenant au cours de la réunion des ministres de la zone franc[29], Jacques de La Rosière, alors directeur général du Fonds monétaire international, déclare : « le rattachement des monnaies africaines à une monnaie forte, l'euro, implique que soit poursuivie, dans les zones d'émission africaines, la mise en œuvre de politiques monétaires rigoureuses… Les statuts des Banques centrales (africaines) de la zone comportent des règles qui institutionnalisent la rigueur monétaire sans

[27] Le Figaro Economie du 28 avril 1999.

[28] Source : swissinfo.ch « le coton plus précieux que l'or ».

[29] Thème de la réunion : « L'avenir de la zone franc dans l'Union économique et monétaire ». Voir Banque de France, Direction générale des Services étrangers, Service de la zone franc. N°92-489, page 8.

laquelle la zone franc ne pourrait exister… La préservation de la parité et la fixité du taux de change des monnaies africaines, hier avec le franc, aujourd'hui avec l'euro, imposent que les politiques d'assainissement des finances publiques mises en œuvre dans la plupart des pays malgré les difficultés, soient poursuivies ».

E. L'impact des politiques économiques d'austérité et de rigueur se traduit par des difficultés au niveau des principaux domaines des efforts de développement des États membres de la zone franc : (a) réductions drastiques des dépenses publiques (santé publique ; éducation nationale ; fonction publique aux salaires maigres et figés malgré la réduction des effectifs ; secteur des transports en régression ; habitat social inadéquat ; sanitaires, eau potable et électricité largement en-deçà des besoins à satisfaire, etc.) ; (b) taux d'intérêts financiers prohibitifs, limitant l'accès au financement auprès du système bancaire, dans un environnement sous-bancarisé ; (c) épargne des ménages insuffisante et accès difficile de ceux-ci aux crédits bancaires ; (d) taux d'imposition (impôts et taxes) élevés dont une des conséquences est le développement désordonné du secteur informel ; (e) dévaluations fréquentes et inadéquates du franc CFA, notamment comme recours à un instrument extérieur d'ajustement structurel.

F. De multiples dévaluations du franc CFA : les autorités françaises reconnaissent elles-mêmes que la garantie apportée par la France à la viabilité du franc CFA ne signifie pas que cette monnaie est à l'abri de toute dévaluation. Dans l'interview que publie Jeune Afrique n°1943 du 7 au 13 avril 1998, page 57, Pierre Messmer, ministre de la défense et premier ministre de la France, le réaffirme : « Les États africains … devront se résigner à des dévaluations en série du franc CFA . Il ne faut pas croire au Père Noël. La France seule dans l'Union européenne n'aura pas la possibilité de combler éternellement les déficits budgétaires africains… Le franc CFA comme en 1993, se trouve surévalué par rapport à la réalité économique et surtout financière des pays africains concernés ». Vincent Bolloré va renchérir dans La Tribune du 11 février 1999, en pages 18-19 : « Des filières entières sont déjà en difficulté et toutes le seront si, à un moment, que je souhaite le plus proche possible, un réalignement ne se produit pas ».

G. L'impossibilité de traduire la souveraineté monétaire des Africains au travers de la manipulation du taux de change vis-à-vis des devises étrangères : sur cet aspect, il est impossible pour l'ensemble des États africains membres de la zone franc, de se comparer aux États-Unis d'Amérique.

H. L'inefficacité de la rigueur monétaire continue : le positionnement sur l'échiquier mondial des Africains par rapport à d'autres pays en voie de développement montre que la rigueur monétaire mise en œuvre n'a pas d'impact significatif sur les performances économiques des pays considérés. À titre d'illustration, pour un seul euro, il faut en moyenne : (a) 1500 wons de la Corée du Sud, pays quinzième puissance économique mondiale ; (b) 12 000 roupies de l'Indonésie, pays où l'on ne meurt pas de faim ; (c) 14 500 rials de l'Iran, qui envoie des engins dans l'espace ; (d) 27 000 dongs du Vietnam, qui est le deuxième pays exportateur de riz au monde ; (e) 655,957 francs CFA des pays africains, qui sont pratiquement au dernier rang dans le monde, et où l'on meurt des maladies bénignes et ploie sous la pauvreté.

I. La priorité accordée par les pays africains membres de la zone franc à l'Europe, dans leur coopération internationale, au détriment de leur ouverture sur le reste du monde : (a) au niveau du commerce et des investissements, le premier ministre français Lionel Jospin déclare à Dakar en décembre 1993 que l'euro « facilitera le commerce et les investissements ». Ce sont essentiellement des investissements d'extraction des matières premières énergétiques, minières et très peu d'industries ; (b) par rapport à l'impact de l'euro comme monnaie de réserve internationale, Lionel Jospin au cours de la réunion de Cotonou en 1997, indique que les exportations des matières premières des pays africains de la zone franc « seront progressivement libellées en euros et deviendront ainsi moins tributaires des fluctuations du dollar »[30].

J. L'autonomisation de la dette extérieure des pays africains de la zone franc par la fixité des parités : par définition, lorsque l'euro est plus faible que le dollar, la dette africaine en dollars augmente mécaniquement de manière autonome, sans besoin d'emprunt supplémentaire. Donc, les pays de la zone franc, sont perdants en matière d'endettement, avec un euro plus faible que le dollar. Nous pouvons illustrer ce cas de figure par un exemple chiffré. Prenons par exemple une dette africaine de 100 milliards de dollars : (a) si 1 dollar = 1 euro, alors 100 milliards de dollars de dette = 100 milliards d'euros,

---

[30] Lionel Jospin, dans Les Échos du Lundi 22 décembre 1997, page 4.

mais ; (b) si 1 dollar = 1,25 euro ou 1 euro = 0,80 dollar, alors la dette africaine se monte à 125 milliards d'euros, qui relèvent du service de la dette à la charge de l'Afrique.

K. L'exclusion des pays africains de la zone franc CFA du commerce intra-africain au profit de la France et de l'Europe : l'exemple de l'ananas de Côte d'Ivoire illustre cette situation où cet anas trop cher au Nigeria, se trouve ainsi éliminé du marché africain pour se vendre aisément en Europe.

L. Les pays africains de la zone franc CFA sont sous le contrôle de l'Union européenne, qui peut à tout moment soit dévaluer le franc CFA, soit inonder la zone franc des francs CFA.

M. Les pays africains de la zone franc CFA sont exposés en permanence à toute mesure de déstabilisation de leur monnaie, de la part de l'Union européenne : inflation, renchérissement du crédit, etc.

6.4.2. Le principe des comptes d'opérations

A. L'origine des comptes d'opérations : (a) « En vertu d'un accord intervenu en 1940, la France finance des exportations faites à destination de l'Allemagne ; en clair, chaque fois qu'une usine travaille pour le compte de l'Alleemagne, elle est créancière de l'État allemand auquel elle livre ces fournitures, mais en fait, c'est le Trésor français qui fait les avances nécessaires en francs français. Nous supportons les charges des exportations industrielles ou commerciales faites à destination de l'Allemagne. En contrepartie, nous avons un crédit en Allemagne en marks. Ce crédit, nous ne pouvons en disposer que pour les paiements à faire à l'Allemagne, donc des charges supplémentaires pour notre trésorerie… »[31] ; (b) Pierre Arnoult renchérit : « L'institution et le fonctionnement du soi-disant accord de compensation valurent à l'Allemagne des avantages considérables. Grâce à lui, elle peut acheter gratuitement et sans limitation toutes les ressources françaises nécessaires à la poursuite de la guerre et à la subsistance de sa population »[32] ; (c) Hemmen, ambassadeur plénipotentiaire de l'Allemagne en France, va lui-même avouer le

---

[31] CATHALA Pierre (ministre des finances, député de Seine-et-Oise), Face aux réalités, la direction des finances françaises sous l'occupation, Éditions du Triolet, 1948, pages 35-36.
[32] ARNOULT Pierre (inspecteur général des finances), Les finances de la France et l'occupation allemande (1940-1944), Éditions PUFF, 1951, page 192.

pillage systématique infligé par son pays à la France : « Les efforts déjà signalés pour épargner dans toute la mesure du possible les fonds des frais d'occupation, en faisant passer dans tous les cas défavorables par le clearing toutes les obligations de paiement allemandes, relatives à des livraisons françaises, ont été poursuivies jusqu'à complet épuisement de toute possibilité. Ainsi, par concordance, le gouvernement français doit prélever sur son budget les sommes nécessaires à ses paiements (...) »[33] .

B. Le fonctionnement des comptes d'opérations : (a) selon la convention entre la France et les pays d'Afrique de la zone franc CFA, « les États membres conviennent de mettre en commun leurs réserves extérieures dans un fonds de réserves de change. Ces réserves feront l'objet d'un dépôt auprès du Trésor français dans un compte dénommé Compte d'Opérations » (Article 11 de la convention de coopération monétaire entre la France et les États membres de la B.E.A.C., 13 mars 1973) Et « la banque versera au compte d'opérations les disponibilités qu'elle pourra se constituer en dehors de sa zone d'émission » (Article 2 de la convention de compte d'opérations entre la France et les pays africains de la zone franc).

Jusqu'en 1973, les Banques centrales africaines devaient verser sur ce compte **la totalité des avoirs extérieurs** qu'elles détenaient. Par sa souplesse, la convention de 1973 demande aux pays africains membres de la zone franc CFA de déposer désormais au Trésor français **65% au moins de leurs réserves de change. Depuis le 26 septembre 2005, ce taux est passé de 65% à 50%** ; (b) à titre de contrepartie pour les Africains du strict respect de ce principe de centralisation des réserves de change à Paris, le Trésor français s'engage à fournir toutes les sommes dont les Banques centrales africaines de la zone franc CFA peuvent avoir besoin, tant pour leurs règlements à l'intérieur de la zone que pour leurs paiements en devises (voir Institut Technique de Banque, ITB, « La zone franc », 3ème édition, page 15). Par ailleurs, **« le compte d'opérations peut devenir débiteur sans qu'aucune limite ne soit assignée à ce découvert. Lorsque le solde est débiteur, le Trésor français perçoit des intérêts** » payés par les Africains. Lorsqu'au contraire le compte d'opérations est créditeur, le Trésor français verse des intérêts aux Africains ; (c) « **Historiquement, l'obligation était de 65%. Elle est de 50% pour les deux zones économiques depuis 2005.**

---

[33] Hemmen, cité par Pierre Arnoult, pages 192-193.

En contrepartie, il y a une garantie de convertibilité que l'on accepte d'honorer... » (Christine Lagarde, ministre de l'économie et des finances de la France, site Jeune Afrique, 03 mai 2010) ; (d) « La rémunération est très attractive. Détenir ces réserves nous engage à servir une rémunération plus favorable que celle de la Banque centrale européenne (BCE) pour les placements à court terme. **La Banque des États de l'Afrique centrale (BEAC) place par exemple 90% de ses avoirs auprès du Trésor français.** Si les dirigeants de la Banque centrale le font, c'est qu'ils y ont un intérêt et que l'affaire n'est pas mauvaise... » (Christine Lagarde, ministre de l'économie et des finances de la France, site de Jeune Afrique, 03 mai 2010). Il y a tout de même lieu de s'interroger s'il ne s'agit pas là d'une justification quelque peu spécieuse de la captation des devises africaines de la zone franc CFA depuis 1945 ! (e) **les Africains approvisionnent gratuitement l'économie française :** pour Jean BOISSONNAT[34], la zone franc « est une zone monétaire qui, dans sa forme traditionnelle, se caractérise par le fait qu'elle assurait une intégration économique entre la France et les pays d'outre-mer. **Pratiquement, toutes les décisions étaient prises à Paris**. Au point de vue monétaire, le franc était la monnaie commune, même quand existait théoriquement une autre monnaie (franc CFA par exemple en Afrique noire), car celle-ci n'était qu'un multiple fixe du franc... La zone franc a permis à la France de se fournir en certaines matières premières (plomb, zinc, manganèse, nickel, bois, phosphates, oléagineux, uranium, ...) **sans débourser de devises**... On a calculé que cette pratique représentait 250 millions de dollars par an d'économies de devises. La métropole a acheté, en 1954, pour 365 milliards de marchandises (principalement des produits). On a estimé que 500 000 Français de la métropole tiraient leurs moyens d'existence de l'ensemble économique de la zone franc ». Les accords de Yaoundé, de Lomé, de Cotonou et les APE ont perpétué ce système ; (f) **les comptes d'opérations profitent à la France** : le Journal officiel de France du 15 avril 1970 en page 209 indique à titre d'exemple que « En 1966 ... le gain total de 12 203 millions de francs français résulte d'un apport de 221 millions de la France, d'un apport de 12 186 millions des États africains et malgache et d'un apport de 193,3 millions des autres pays de la zone franc (Mali exempté), soit 1 632,3 millions de francs ». « Les coûts liés à la garantie de convertibilité des monnaies

---

[34] BOISSONNAT Jean, La zone franc : survivance du Passé ou Promesse d'avenir, in La Croix, 17 février 1960.

de la zone se sont avérés assez faibles du point de vue de la France. La discipline monétaire que les Banques centrales de l'Union monétaire ouest-africaine et de l'Afrique centrale (BCEAO et BEAC) ont dû maintenir, les a conduits à disposer d'un solde excédentaire de leurs comptes d'opérations jusqu'à la décennie quatre-vingts. **Au début de son existence, la zone franc a joué un rôle non négligeable de pourvoyeur de devises pour la France. En 1969, le solde positif des comptes d'opérations a atteint 8,9% des réserves de change de la France** »[35] ; (g) **la gestion des comptes d'opérations est assurée par la France : dans la réalité, c'est** «La Banque de France qui achète ou vend quotidiennement les devises sur le marché des changes pour le compte des Institutions d'émission africaines »[36] ; (h) **la France utilise les capitaux des pays africains de la zone franc pour couvrir ses déficits budgétaires et rembourser ses dettes publiques** : d'après X. de la FOURNIÈRE[37] « L'avantage que représente pour le Trésor français l'existence de soldes créditeurs aux comptes d'opérations est réel, car ils sont l'une des ressources qu'utilise le Trésor français pour financer la charge qui résulte pour lui des découverts d'exécution des lois de finances et de l'amortissement de la dette publique » ; (i) **l'Afrique paie le déficit de la balance des paiements de la France** : Le Rapport Jeanneney (Jean-Noël Jeanneney), « La politique de coopération avec les pays en voie de développement », Paris, Documentation française, 1963, annonce que « lorsque les pays de la zone franc exportent vers l'étranger plus qu'ils n'importent, ils procurent à la France des devises. **Celles-ci lui sont utiles si dans le même temps, sa propre balance des paiements avec l'étranger est déficitaire** » ; (j) la France réduit les Africains en des rentiers financiers : « les avoirs en devises se sont accrus de 247,8 milliards, notamment en compte d'opérations ; la BEAC souligne qu'au 31 décembre 1991, le pourcentage des avoirs placés en compte d'opérations s'est situé aux alentours du quota statutaire minimum de 65%. **En dépit de sa politique de diversification des avoirs extérieurs**, la BEAC a toujours tenu à conserver dans le compte d'opérations la majeure partie de ses avoirs extérieurs, en raison des taux rémunérateurs qui y sont servis, et **surtout de la clause de**

---

[35] Bruno COQUET et J.M. DANIEL, Quel avenir pour la zone franc CFA ? in Observatoires et diagnostics économiques N°41/juillet 1992, page 241.

[36] Source : Rapport n°2907 d'information produit par l'Assemblée nationale de France le 9 juillet 1992.

[37] La zone Franc, PUF, Collection Que sais-je ? n°868, année 1971.

garantie de change qui met à l'abri de la dépréciation des avoirs placés dans ce compte»[38] ; (k) **la France récolte des intérêts financiers des capitaux africains : « Nous sommes dans la zone franc. Nos comptes d'opérations sont gérés par la France, à Paris. Qui bénéficie des intérêts que rapporte notre argent ? La France**».[39] ; (l) **la France utilise les intérêts financiers africains pour endetter les Africains** : à titre d'exemple, 12 000 milliards placés à 3% rapportent 360 milliards d'intérêts, que la France prête aux Africains en partie ou en totalité au taux supérieur à 5% ; (m) **l'approvisionnement prioritaire des comptes d'opérations se fait au détriment du développement des Africains** : au niveau de la BEAC, « les avoirs en compte d'opérations ont augmenté de 47,5%, se situant à **4 311,7 milliards de francs CFA** à fin mars 2007 contre 2 922,9 milliards de francs CFA à fin 2006 » ; les crédits à l'économie se sont situés à 2 055,9 milliards de francs CFA au 31 mars 2007, contre 1 891,1 milliards un an plus tôt, soit un accroissement de 8,7% » (source : situation monétaire de la CEMAC au 31 mars 2007) ; du côté de la BCEAO, « au 31 décembre 2001, le montant déposé sur le compte d'opérations s'élève à **2 636,946 milliards de francs CFA** » (source : Rapport BCEAO sur le contrôle des états financiers pour l'exercice 2001). Les avoirs en monnaies étrangères sont passés de 3 453,8 milliards en 2005 à 3 703,3 milliards en 2006. Au 31 décembre 2006, le portefeuille en devises comporte essentiellement des titres obligataires acquis et constitués en majorité des titres souverains émis par la France (888,9 milliards) et de parts de fonds commun de placement souscrites auprès de la Banque des Règlements Internationaux (BRI), pour 268 milliards.

Le président sénégalais Abdoulaye WADE dénoncera cet impact négatif de l'approvisionnement prioritaire des comptes d'opérations, en ces termes, en s'interrogeant : « Pourquoi la BCEAO continue-t-elle de placer ses réserves estimées à 4 700 milliards de francs CFA (7 milliards d'euros) dans les places boursières, alors que les pays membres peinent à trouver des financements ? » (20 novembre 2007) ; (m) les divers autres inconvénients des comptes d'opérations : (i) les Africains ont le sentiment d'être dépouillés chaque année de leurs revenus par le Trésor public français ; (ii) les comptes d'opérations

---

[38] Banque des États de l'Afrique centrale, XXème anniversaire 1972-1992, « La BEAC à 20 ans », page 49.
[39] Omar BONGO, interview accordée à Libération du Mercredi 18 septembre 1996, page 6.

apparaissent comme une puissante arme « camisole de force » sur les dirigeants africains, dont certains ont été déchus ou sévèrement sanctionnés du fait de quelque témérité de leur part ; (iii) des stocks d'or africains sont déposés à la Banque de France, pour couvrir la garantie du franc CFA, car « la couverture du franc CFA est assurée par l'ensemble des devises et de l'or centralisé par le pool commun de la zone franc » (source : Bulletin de la BCEAO, n°7, août-septembre 1966, page 488).

6.4.3. Le principe de la libre convertibilité

A. La garantie de convertibilité : la France accorde une garantie de convertibilité **illimitée** des francs CFA en francs français dès la création du franc CFA, en euros désormais après la création de la monnaie européenne et l'adhésion de la France. Il faut relever une incongruité qui veut que les billets de banque CFA soient fabriqués en France ; les euros quant à eux, sont fabriqués par la Banque centrale européenne (BCE).

B. La confiscation par la France du pouvoir de création monétaire des Africains : dans la pratique, la banque crée de la monnaie au travers soit d'octroi de crédits aux clients, soit de conversion des devises en monnaie locale. Par rapport à la convertibilité, il n'existe pas de libre convertibilité entre les francs CFA émis par la BCEAO et ceux émis par la BEAC, **ce qui constitue une aberration pour deux institutions appartenant pourtant à une même zone monétaire, la zone franc**.

Il faut également noter que la garantie française n'est pas un facteur d'attractivité clairement efficace des investissements directs étrangers (IDE) dans les pays africains de la zone franc. Du reste, les faits économiques montrent que la non-convertibilité d'une monnaie nationale ou communautaire, ne constitue pas un obstacle pour le pays d'accueil, de l'entrée des IDE. À titre d'illustration, (a) la Chine et la France ont signé le 26 novembre 2007 des contrats commerciaux d'environ 20 milliards d'euros, comme le rapporte l'Agence française de presse (AFP) ; (b) selon le Magazine « Challenges » du 29 novembre 2007, la France a signé en 2007, des contrats pour près de 3 milliards d'euros avec le Maroc.

C. Le contrôle effectif des Banques centrales et des économies africaines par la France : (a) l'article 7 de la convention de coopération monétaire entre les États membres de la BEAC et la France signée le 13 mars 1973 à Libreville (Gabon) stipule que **« la Banque des États de l'Afrique centrale est un établissement multinational africain, à la gestion et au contrôle duquel participe la France en contrepartie de la garantie qu'elle apporte à sa monnaie »** ; (b) depuis 1999, avec l'avènement de l'euro auquel le franc CFA est arrimé (parité fixe de 1 euro = 655,957 francs CFA), c'est de fait toute l'Europe occidentale qui s'est substituée à la France, en termes de contrôle effectif de la monnaie des pays africains de la zone franc.

D. Le service rendu à la France par la garantie qu'elle apporte au franc CFA : à l'observation, du fait de la garantie de la France, le franc CFA est un outil de maintien « en captivité » des pays de la zone franc sur le plan géopolitique. Cette perception est reconnue et réaffirmée par Jean-Marc BREGBER, ancien ambassadeur représentant permanent français auprès des Communautés européennes : « **Les avantages politiques et stratégiques à la France : le processus est une affaire avant tout politique, le franc CFA s'affirme comme l'outil permanent permettant à la France d'entretenir son rayonnement et son influence en Afrique** »[40]. Dans son annexe du Rapport n°91 de la Session ordinaire 2007-2008 au procès-verbal de la séance du 22 novembre 2007, Aide au développement, le Sénat français relève **l'absence d'automaticité de la garantie de la France : « la garantie de convertibilité ne s'exerce pas en 2007 et ne devrait pas jouer en 2008, la situation des trois Banques centrales étant considérée comme saine avec des réserves de change élevées, correspondant à plus de 4,5 mois d'importations de biens et services pour la Banque centrale des États de l'Afrique de l'Ouest (BCEAO), près de 6 mois pour la Banque centrale des États de l'Afrique centrale (BEAC), et à un niveau suffisant pour la Banque centrale des Comores (BCC) ».**

6.4.4. Le principe de la libre transférabilité

A. Le contenu du principe : le Traité instituant l'Union monétaire ouest-africaine (UMOA) stipule en son article 4 alinéa 3 que « les transferts de fonds entre les États membres et la France sont libres ; les États signataires s'engagent à respecter la libre circulation des signes monétaires et la liberté des transferts entre les États membres de l'Union ». Par ailleurs, l'article 6 de l'Accord de coopération franco-africain précise que « la règlementation uniforme des relations

[40] Jean-Marc BREGBER, Une affaire avant tout politique, dans Géopolitique n°53, page 82.

financières extérieures des États de l'Union sera maintenue en harmonie avec celle de la République française. Cette harmonisation assurera en particulier, la liberté des relations financières entre la France et les États de l'Union ».

B. La rentabilité des investissements français en zone franc CFA : dans sa publication de février 1994 en pages 46 et 47, Générations I fournit des statistiques sur les performances de la rentabilité des investissements français. Il en ressort essentiellement ce qui suit : « Entre le milieu des années 1970 et la fin de la décennie quatre-vingt-dix, l'Afrique a rapporté aux entreprises hexagonales, l'équivalent de 1 500 milliards de francs CFA de bénéfices. De plus…la fameuse période des « éléphants blancs » a permis à de nombreux entrepreneurs et intermédiaires français de tout acabit de bénéficier non seulement de juteux contrats, mais aussi des commissions faramineuses. Au-delà des débouchés, les secteurs privés et publics, - par filiales interposées – ont également trouvé une source privilégiée de matières premières (bois, fer, manganèse, pétrole, cacao, café…) ».

Dans une allocution du 17 décembre 1976, l'ancien ministre français Robert GALLEY réaffirme qu'un franc investi par la France dans les pays africains de la zone franc CFA rapporte 6 francs français au peuple français. Dans le Journal Libération du Mercredi 18 septembre 1996 en page 6, Omar BONGO alors président du Gabon considère que « la coopération est un cercle vicieux : l'argent entre (en Afrique) par la grande porte et repart en France par la petite porte ».

C. L'hémorragie financière imposée à l'Afrique par la France : dans son livre « L'année des adieux », Paris, Éditions Flammarion, 1995, ADLER Laure, l'ancienne conseillère culturelle du président François MITTERRAND, relève, citant celui-ci, « l'appauvrissement continu de l'Afrique par les pays industrialisés.

La libre transférabilité des capitaux africains vers la France est fortement encouragée par le Parlement français. Ainsi, pour l'Assemblée nationale française, « La liberté des transferts qui donne aux détenteurs de capitaux étrangers l'assurance de pouvoir à tout moment rapatrier leurs fonds, constitue notamment une forte incitation à l'implantation des groupes étrangers. **La liberté de mouvement de capitaux entre la France et les pays africains n'est aucunement affectée par le Traité de Maastricht qui n'apporte rien de nouveau dans ce domaine. La France ayant supprimé son dispositif de**

contrôle des changes, les États africains sont invités à revoir dans un sens libéral leurs règlementations des mouvements des capitaux à destination des autres pays européens, dont l'efficacité est fortement amoindrie. Cette libéralisation des transferts financiers devrait cependant poser peu de problème à des pays qui sont, grâce à la stabilité de leur monnaie, moins victimes que d'autres, de la fuite de capitaux »[41].

D. Le gaspillage des devises africaines avec le rachat des francs CFA par les Africains eux-mêmes : à l'examen des faits, le principe de la libre transférabilité des capitaux a pour inconvénient majeur de priver sans réciprocité ni compensation, les économies des pays africains de la zone franc CFA d'énormes ressources financières. Pour faire face à la « fuite » des francs CFA, les Banques centrales africaines sont obligées de puiser dans leurs réserves de change en vue de racheter leur propre monnaie. À titre d'exemple, la Direction centrale des Études et de la Prévision de la BCEAO signale le 17 août 1993 que « **pour les six premiers mois de 1993, les rachats par la BCEAO des billets de son émission se sont élevés à 163,1 milliards contre 106 milliards un an plus tôt. Pour la seule Côte d'Ivoire, dans la même période, les rachats des billets francs CFA étaient estimés à 48,6 milliards contre 30,6 milliards un an plus tôt** ».

E. L'exode des capitaux des pays africains de la zone franc CFA vers la France et les autres pays européens : les statistiques révèlent une véritable hémorragie financière africaine, qui profite à l'Europe : au titre des Opérations avec l'Extérieur sur les billets, la BCEAO affirme que « **S'agissant des pays d'accueil des billets exportés...pour les six premiers mois de 1993, la Suisse demeure en tête avec 49 milliards, suivie de très près par la France pour 48,7 milliards. Les rachats en provenance de la Grande Bretagne ont été de 37,9 milliards** ».

F. De nombreuses autres conséquences néfastes du principe de la libre transférabilité : (a) la fuite légale des capitaux africains ; (b) la faible capacité de formation de l'épargne nationale et continentale, ce qui favorise le niveau élevé de la dette extérieure et des capitaux étrangers ; (c) la faible capacité des entrepreneurs africains (hommes et femmes d'affaires) de contribuer en s'appuyant sur des capitaux financiers africains , à l'émergence des économies de l'Afrique ; (d)

[41] Rapport n°2907 de l'Assemblée nationale française, page 6.

l'impuissance des Africains face au grand capital financier étranger non africain, dans l'exploitation et la rentabilisation des ressources naturelles dont regorgent les pays africains.

QUATRIÈME PARTIE

LA MONNAIE UNIQUE COMMUNE AFRICAINE

Chapitre 7

La recherche de solution au problème de la monnaie franc CFA

Pour beaucoup de ressortissants des pays africains membres de la zone franc CFA, cette monnaie est devenue au fil des années un des derniers symboles de la colonisation. Ce symbole, malgré des aménagements dont il a fait l'objet depuis les indépendances, est qualifié d'anachronique et désuet par tous ceux qui veulent le voir disparaître : pour eux, une indépendance sans gestion souveraine de la monnaie nationale est inachevée. Ce courant de pensée se veut progressiste, dans la lignée de la déclaration du président Sékou Touré ayant opté pour l'indépendance immédiate de la Guinée-Conakry en 1958[42]. Les conservateurs, qui se sont accoutumés au statu quo, redoutent la déstabilisation des économies africaines en cas de précipitation dans la recherche de l'évolution que devrait connaître la monnaie franc CFA.

Face à ceux qui crient haut et fort « Nous ne voulons plus du franc CFA », d'autres préviennent de « Ne pas jeter le bébé CFA avec l'eau du bain »[43].

7.1. L'abolition du franc CFA et la création de la monnaie africaine : d'après l'Accord de coopération entre la République française et les Républiques membres de l'Union monétaire ouest africaine signé à Dakar le 4 décembre 1973, il est prévu des conditions permettant de quitter la zone franc CFA. L'Article 13 stipule ce qui suit : « À la demande de tout État signataire du présent Accord qui estimerait que l'évolution du régime défini par cet Accord compromet ou risque de compromettre substantiellement ses intérêts, les États signataires se concerteraient sans délai afin de décider des mesures appropriées. Si aucune décision ne pouvait être arrêtée en commun, **le présent Accord pourrait être dénoncé par tout signataire** ».

---

[42] Discours prononcé à Conakry, le 25 août 1958 lors de la tournée africaine du général Charles De Gaulle.

[43] Jeune Afrique n°3049 du 16 au 22 juin 2019, pages 21-32 ;

7. 2. La nécessité de battre la monnaie nationale ou africaine : de toute évidence, la souveraineté nationale d'un État englobe un des aspects saillants, celui de la souveraineté monétaire. L'exemple est bien illustré par le cas du Mali. Le 30 juin 1962, dans son discours devant l'Assemblée nationale, à l'occasion de l'émission d'une monnaie nationale, le président Modibo Kéita déclare que « Dans quelques heures, exactement à zéro heure du 1er juillet 1962, la République du Mali disposera de sa monnaie nationale, le franc malien, ayant seul, désormais cours légal et pouvoir libératoire illimité sur l'étendue du territoire national.... **Le pouvoir politique s'accompagne toujours et nécessairement du droit régalien de battre monnaie, que le pouvoir monétaire est inséparable de la souveraineté nationale, qu'il en est le complément indispensable, l'attribut essentiel...** ».

Dans la réalité, qu'il s'agisse de l'Afrique centrale ou de l'Afrique de l'Ouest, l'institut d'émission de la zone franc CFA, à savoir la Banque centrale, n'est pas entièrement sous le contrôle des gouvernements africains. Il faut reconnaître que, comme conséquences prévisibles de la décolonisation, des réformes pertinentes ont été introduites dans la gestion de la zone ; mais elles sont loin de donner entière satisfaction. Pratiquement, tous les pouvoirs de décision, relatifs notamment à l'organisation de la monnaie et du crédit, sont concentrés à Paris. Or la monnaie constitue un puissant levier de commande en matière de développement économique. Sans maîtrise suffisante de tous les moyens requis, la promotion d'un développement économique harmonieux est un exercice complexe. Au niveau national, la monnaie est une garantie de liberté d'action dans le sens de l'intérêt national ; la monnaie constitue aussi un instrument de puissance, puisqu'elle permet de canaliser les efforts de toutes les féodalités économiques et des groupes de pression vers l'intérêt national, au lieu d'être au service des privilèges exorbitants vestiges de la colonisation.

7.3. La libération des Africains des influences de l'Europe aux fins de sécurisation et de protection : la dépendance monétaire est un obstacle majeur à l'indépendance d'un État qui se veut souverain. Elle signifie que l'État confie la gestion de ses finances publiques à l'étranger.

7.4. Le rôle de la France dans l'acquisition de la souveraineté monétaire pour les Africains : dans l'interview qu'elle accorde à « Jeune Afrique le 03 mai 2010, Christine Lagarde, alors ministre de l'économie et des finances de la France, donne la position de la France selon laquelle « La zone a évolué au fil du temps. Ce n'est pas un point de dogme, mais, je l'ai dit, ce n'est pas à la France de déterminer si le système actuel est approprié ou non. S'il faut en sortir ou pas. **Cette époque est révolue. C'est aux États concernés de prendre leurs responsabilités** ». Et le président Nicolas Sarkozy va renchérir le Jeudi 27 mai 2010 dans « Les Afriques n°12 » en réaffirmant clairement que « **C'est aux quinze États africains membres de la zone franc et à eux seuls, qu'il revient de décider comment ils veulent gérer leurs monnaies communes. Ce n'est pas à la France de déterminer si le système actuel est conforme à leurs attributs** ». Puis il ajoute « … Si la France accorde sa garantie illimitée de convertibilité aux francs CFA, comme au franc comorien d'ailleurs, ce sont les Banques centrales africaines et les autorités politiques qui, dans chacune des sous-zones - en Afrique de l'Ouest, en Afrique centrale, aux Comores – **décident en toute indépendance de la politique monétaire** ». Pour conclure, le président français donne deux indications importantes : (a) entre 2005 et 2007, la gestion des comptes d'opérations a été réformée ; (b) la France est à l'écoute de ses partenaires africains au cas où ceux-ci souhaitent davantage de modernisation de la coopération monétaire.

7.5. L'interpellation des pays africains de la zone franc CFA par l'évolution de la mondialisation : la terrible crise financière des « subprimes » de 2008 a créé une onde de choc au niveau des États du monde, par rapport à la mondialisation, ce qui les a conduits pour la plupart à afficher des comportements auxquels les pays africains ne sauraient rester indifférents. Ces comportements se traduisent entre autres par les éléments suivants : (a) le renforcement de l'interventionnisme de l'État. Dans une interview à la CNN le 16 décembre 2008, le président américain George Bush déclare « **J'ai abandonné le principe de l'économie de marché pour sauver le système d'économie de marché** » pour justifier les interventions de l'État fédéral américain dans l'économie ; (b) la nécessité d'un nouvel équilibre entre l'État et le marché : les pouvoirs publics sont obligés d'intervenir pour sauver le système bancaire de l'effondrement ; **l'auto-régulation ou le « laisser-faire » au niveau du marché se trouve dépassé et inapproprié, du fait de la crise dont il faut savoir tirer les leçons**. Ces leçons doivent prémunir contre toute reproduction de la crise, ce qui pourrait conduire à une catastrophe. Dans un discours au Zénith de Toulon prononcé le Jeudi 25 septembre 2008, Nicolas

Sarkozy condamne une conception désormais désuète des marchés : « **Une certaine idée de la mondialisation s'achève avec la fin d'un capitalisme financier qui avait contribué à la pervertir**. L'idée de la toute-puissance du marché qui ne devait être contourné par aucune règle, par aucune intervention politique, était une idée folle ».

Une étude[44] du Fonds monétaire international justifie la nécessaire dévaluation du franc CFA intervenue en 1994. Le franc CFA comporte des atouts : son arrimage au franc français au travers d'une parité de change fixe ; son exceptionnelle crédibilité internationale et sa longue période de stabilité ; cette stabilité se caractérise par un taux d'inflation comparable à ceux des principaux pays industrialisés et un taux de croissance économique solide jusque dans les années 1980.Mais ces parités inchangées depuis 1948 (50 francs CFA pour un franc français) et 1979 (50 francs comoriens pour un franc français) seront ébranlées par les difficultés rencontrées dans la mise en œuvre des accords de garantie de la convertibilité. Les pays africains de la zone franc vont éprouver des difficultés économiques et financières sous l'effet de deux chocs extérieurs majeurs : (a)les chutes drastiques des cours mondiaux de leurs produits d'exportation que sont essentiellement le café, le coton et le pétrole, d'où une forte détérioration des termes de l'échange de près de 50% entre 1985 et 1993 ; (b) depuis 1985, les pays africains membres de la zone franc CFA vont enregistrer une perte de compétitivité à la suite notamment de l'appréciation du franc français par rapport aux pays concurrents. À la suite de ce double choc, les mesures d'ajustement structurel mises en œuvre au niveau interne deviennent insuffisantes ; il faut recourir à des mesures externes, d'où la nécessaire dévaluation de 100% du franc CFA intervenue le 12 janvier 1994.

Le grand tapage sur la sortie du franc CFA est un faux débat : la discipline de gestion de la monnaie et les potentialités dont regorgent le continent africain commandent que la sortie du franc CFA ne soit pas comme la sortie d'un avion en plein vol sans parachute.

Il ressort de tout ce qui précède que la monnaie est une véritable arme au service des États du monde, pour mieux se tenir sur l'échiquier international, et dans une certaine mesure, pour conquérir, voire assujettir les autres États moyennant une certaine finesse. **Elle doit**

---

[44] IMF SURVEY, A publication of the International Monetary Fund – Special Supplement, « Franc Zone : Relignment is vital element of new strategy », March 21, 1994

nécessairement constituer un pilier indispensable de l'indépendance politique. L'Afrique, au moment où elle vient de créer sa zone de libre-échange continentale en cours de construction, a intérêt à accélérer la mise en place de la monnaie africaine. L'exploitation des expériences du franc CFA et des autres monnaies africaines existantes devrait constituer un tremplin pour rapidement réaliser ce rêve. Ainsi seraient parachevées pour ce continent les trois indépendances : indépendance politique, indépendance économique et indépendance monétaire.

Chapitre 8

Les expériences des autres monnaies africaines

Actuellement en Afrique, le franc CFA constitue un cas unique de monnaie commune à plusieurs pays, après plus d'un demi-siècle d'indépendance de la plupart d'entre eux. De manière générale, chaque pays africain possède sa monnaie nationale propre. L'annexe 5 donne une liste indicative de quelques monnaies nationales africaines : le tableau donne leur date de création et un certain nombre de caractéristiques, notamment en termes de parités. Il convient de relever avec emphase que des luttes en vue de sortir du système CFA ont été entreprises et ont connu des fortunes diverses, comme il ressort notamment de l'ouvrage « L'arme invisible de la FrançAfrique, une histoire du franc CFA » de Fanny PIGEAUD et Sylla SAMBA NDONGO, paru aux éditions La Découverte, Paris en 2018 : (a) des tentatives réussies (Guinée-Conakry en 1959 avec la création du franc guinéen[45] ; Mauritanie en 1972 avec la création de Ouguiya ; Madagascar en 2003 avec la mise en place de Ariary) ; (b) des tentatives étouffées (Mali en 1962 avec la création du franc malien qui n'a pas fait long feu, d'où retour au franc CFA ; Togo en 1963) par des intimidations, des opérations de déstabilisation, voire des coups d'État et des assassinats ; (c) des contestations récentes : rumeurs de dévaluation du franc CFA en zone CEMAC en 2015 et 2016 ; déclarations tonitruantes du président du Tchad Idriss DEBY en 2015, lorsqu'il lance un appel pour « couper le cordon et décoller » ; prise de conscience de plus en plus prononcée des jeunes et des intellectuels d'Afrique. Cependant, la Guinée Équatoriale (Malabo) a adhéré au franc CFA en 1985.

Dans la perspective de la mise en place de la monnaie unique commune africaine, dont l'idée n'est d'ailleurs pas nouvelle puisqu'elle figure dans la Charte de l'Organisation de l'unité africaine (OUA), précurseur de l'Union africaine (UA), nous allons analyser les monnaies de trois pays : Nigéria, Ghana et Madagascar.

---

[45] Suite logique du Discours historique de Ahmed Sékou Touré, Député-maire de Conakry, prononcé devant le président français Charles de Gaulle le 25 août 1958. Message choc : « Nous préférons la pauvreté dans la Liberté à l'opulence dans l'esclavage ».

8.1. L'expérience du Nigeria

8.1.1. La présentation du pays : situé en Afrique de l'Ouest, le Nigeria fait partie de la CEDEAO (Communauté économique de développement des États de l'Afrique de l'Ouest). Il couvre une superficie de 923 768 km², pour une population de 203 452 505 habitants selon une estimation en 2018, pour une densité de 220 habitants au km². Situé en Afrique de l'Ouest dans le golfe de Guinée, le Nigeria est le pays le plus peuplé d'Afrique, comportant d'une part le territoire de la capitale fédérale constitué de la ville d'Abuja (nouvelle capitale du pays depuis 1991) et six conseils de zone ; d'autre part 36 États fédérés eux-mêmes subdivisés en zones de gouvernement local. Sur le plan économique, le Nigeria est en 2016 (selon la Banque mondiale, avec un Produit intérieur brut en termes de Parité de Pouvoir d'Achat de 1 091,7 milliards de $ us 2015, PIB de 510 milliards de $ us en 2013) la première économie du continent africain devant l'Afrique du Sud et l'Égypte ; le taux de chômage est estimé à 9,9% de la population active pour un indice de développement humain (IDH) de 0,532 en 2017.

8.1.2. Le système monétaire du Nigéria : sur le plan historique, le naira est la monnaie du Nigeria, introduit le premier janvier 1973 en remplacement de la livre anglaise, au taux de 2 nairas pour 1 livre. La Banque centrale du Nigeria (CBN) est seule habilitée à émettre la monnaie légale (legal tender money) sur toute l'étendue de la fédération. Elle contrôle le volume de l'offre (supply) de monnaie dans l'économie afin de veiller sur la stabilité monétaire et les prix (maîtrise de l'inflation). Pour faire face à l'inflation rampante du fait de l'avènement du naira, la CBN a pris des mesures afin de maintenir celle-ci à un niveau inférieur à 10% de l'inflation annuelle. En 2011, la CBN à six reprises, a procédé à un ajustement et a relevé son taux d'intérêt directeur, le portant in fine de 6,25% à 12%. Avec la réduction de la subvention du prix du pétrole intervenue entre-temps, la CBN a maintenu son taux d'intérêt directeur à 12%, contribuant ainsi à la réduction de l'impact de cet allégement de la subvention. Le 20 juin 2016, le naira est autorisé à flotter, après avoir été arrimé (pegged) pendant plusieurs mois au dollar US, au taux fixe de 1 $US pour 197 nairas. En tenant compte de la spéculation sur le marché, l'intervalle naturel de variation du naira devrait se situer entre 280 et 350 nairas pour 1 dollar US.

8.1.3. Les réformes économiques et la politique monétaire : face à des difficultés économiques et financières dont les effets ont interpellé le mécanisme d'allocations des ressources, le gouvernement du Nigéria a mis en place un programme d'ajustement structurel (PAS)[46]en 1986. Ce programme a permis de procéder à une restructuration complète de l'économie, avec un accent prononcé sur le renforcement des mécanismes du marché. D'où sur le secteur financier (a) le renforcement de la concurrence ; (b) la réduction des distorsions dans les décisions en matière d'investissement ; (c) l'amélioration de l'efficacité du système financier (accent sur les changes, la politique monétaire, la gestion administrative des taux d'intérêt et la gestion des changes extérieurs). Toutes ces mesures ont contribué à une plus grande libéralisation du marché financier assortie du renforcement institutionnel dans le système financier.

A Les réformes des principaux objectifs dans le secteur financier : (a) suppression des contrôles des taux d'intérêt pour augmenter le niveau de l'épargne et améliorer l'efficience des allocations financières ; (b) élimination de l'encadrement de crédit, ce qui met fin au mécanisme de rationnement de crédit, encourage la concurrence et améliore l'efficience de l'allocation du financement des activités économiques ; (c) renforcement de la discipline de gestion de crédit au niveau de chaque banque prise individuellement ; (d) renforcement de la supervision institutionnelle ainsi que des marchés monétaire et financier ; (e) mise en place d'une politique de change appropriée ; (f) amélioration des relations entre les secteurs formel et informel sur le plan financier.

B. Les implications essentielles des réformes : (a) un accroissement du nombre des institutions bancaires[47] , du fait d'une attitude plus créative et novatrice en faveur de la concurrence (un des objectifs des réformes financières, c'est davantage de libéralisation par l'émergence des institutions efficaces et efficientes) ; (b) le développement des marchés primaire et secondaire : libéralisation du taux d'intérêt en 1987 accompagnée de l'amélioration du système de paiement et de la gestion du change extérieur.

8.2. L'expérience du Ghana

8.2.1. La présentation du pays : la République du Ghana[48]a obtenu son indépendance du Royaume-Uni le 6 mars 1957. Elle couvre une superficie de 258 540 km² ; sa population totale est de 30 280 811 habitants en 2019, soit une densité de 127 habitants au km². Sur le plan économique, le Ghana présente un indice de développement humain (IDH) de 0,579 ; sa monnaie

[46] Structural Adjustment Programme (SAP)

[47] De 40 avant 1986, le nombre des banques est passé à 120 en 1992. Ce phénomène est également accompagné par la diversification des produits et des services bancaires.

[48] Devise : Freedom and Justice (Liberté et Justice)

nationale est le cedi. Sur le plan géographique, le Ghana est situé au bord du Golfe de Guinée : il est limité à l'ouest par la Côte d'Ivoire, au nord par le Burkina Faso et à l'est par le Togo. Le Ghana est membre de la Communauté économique des États de l'Afrique de l'Ouest (CEDEAO) ; il est membre associé de l'organisation internationale de la francophonie (OIF). Il fait partie du Commonwealth. Sur le plan administratif, le Ghana est divisé en dix régions dont chacune est subdivisée en districts. Accra est la capitale du Ghana.

8.2.2. Le système monétaire du Ghana : depuis 1965, le cedi est la monnaie officielle du Ghana. Le nouveau cedi ghanéen, en vigueur depuis le 3 juillet 2007, vaut 10 000 anciens cedis. En termes de taux de change, un euro vaut 1,4 cedi en 2007 ; 2,4 cedis en 2010 et environ 4 cedis en septembre 2015. La monnaie ghanéenne n'est plus négociable. Après avoir obtenu son indépendance en 1957, le Ghana est sorti de la livre ouest africaine britannique (British west african pound), monnaie alors en cours dans les colonies britanniques de la région d'Afrique de l'Ouest. La première monnaie de cette nouvelle république est la livre ghanéenne (Ghanaian pound), qui aura cours sur la période 1958-1965. En 1965, le Ghana décide de quitter le système monétaire britannique colonial ; il adopte le système décimal largement accepté. Le nom africain cedi (1965-1967) est introduit en lieu et place de l'ancien système de la livre britannique (Old British pound system). Le terme cedi est un mot Akan qui dérive de « cowry shell » désignant la monnaie utilisée dans le passé par le Ghana actuel. C'est en juillet 1965 que Kwame Nkrumah, le premier président du pays, fait adopter les billets (cedi notes) et les pièces (pesewa coins) pour remplacer les livres ghanéennes, shillings et pence : le cedi équivaut alors à huit shillings et quatre pence (8 s 4 d), monnaie frappée à l'effigie du président de la République. Le nouveau cedi entre en vigueur en 1967 pour une période de quarante ans (période 1967-2007) : un nouveau cedi vaut alors 1,2 ancien cedi, soit la moitié de la livre sterling. Le Ghana va connaître des décades d'inflation de niveau élevé, ce qui va conduire les autorités monétaires à prendre des mesures d'ajustement monétaire : en supprimant quatre chiffres, le Ghana fait de son cedi la monnaie la plus forte émise sur le continent africain. Mais le cedi aura perdu 75% de sa valeur. La monnaie subit par ailleurs le phénomène du marché noir.

Évolution historique du taux de change (indicatif) du dollar des États-Unis d'Amérique (US $) par rapport au cedi

Année	1er janvier	1er mai	1er septembre
2008	0,930	1,008	1,155
2009	1,265	1,460	1,465
2010	1,430	1,425	1,440
2011	1,486	1,496	1,535
2012	1,639	1,855	1,932
2013	1,905	1 ;974	2 ;150
2014	2,353	2 ;823	3,723
2015	3 ;215	3,8479	3,8312
2016	3 ;9092	3,7895	3,9639

Source : Wikipedia/Ghana Statistical Service, November 4, 2016

. Face à l'inflation rampante, le gouvernement va décider de « supprimer quatre zéros » dans la dénomination de la monnaie, d'où le troisième cedi. Cette monnaie a continuellement perdu de sa valeur depuis son entrée en vigueur. En conséquence, en 2014, le taux d'inflation s'est aggravé, et le cedi a vu sa valeur tomber à un quart de son niveau initial. Cette chute a été par la suite jugulée au dernier trimestre de 2014, grâce au programme de stabilisation du Fonds monétaire international (FMI).

8.3. L'expérience de Madagascar

8.3.1. La présentation du pays : Madagascar est une république constitutionnelle semi-présidentielle, de forme longue. C'est un État insulaire d'Afrique constitué d'une grande île de l'océan Indien. Il est séparé du reste du continent par le canal de Mozambique. Madagascar est la cinquième plus grande île du monde, après l'Australie, le Groenland, la Nouvelle-Guinée et le Bornéo. Le pays couvre une superficie de 587 000 km², contenue sur une longueur de 1 580 km et une largeur de 580 km. Il a pour capitale Antananarivo et pour monnaie l'ariary. Il est indépendant de la France depuis le 26 juin 1960. Sa population est de 25 683 610 habitants en 2018, pour une densité de 44 habitants au km². Autres îles et archipels limitrophes : Ile Maurice, les Seychelles, Mayotte, les Comores et la Réunion, entre autres.

Dans son histoire, Madagascar a accueilli sur son sol des peuples d'origines diverses, notamment d'Afrique, du Sud-Est asiatique (Indonésie), du Proche-Orient et d'Europe, d'où la société pluriculturelle malgache actuelle. Madagascar est en conséquence très diversifié en termes de cultures, animées par 18 ethnies distinctes (notamment les Masi Koro agriculteurs, les Betsileo dits invincibles et les Betsimisaraka) ou nations autochtones. Ces peuples parlent des langues austronésiennes. Trois autres ethnies minoritaires sont arrivées bien plus tard dans la grande Ile. Ce sont les Karanes, les Sinoras et les Vazahas. Le classement dressé par l'Organisation des Nations Unies (ONU) place Madagascar parmi les pays les moins avancés (PMA).

8.3.2. Le système monétaire de Madagascar : sur le plan monétaire, l'économie malgache a connu en 2003 l'avènement de la nouvelle monnaie, l'ariary, qui a remplacé le franc malgache (FMG). La création de l'euro va favoriser la solidité de la monnaie malgache, restée indépendante par rapport au franc français, auquel s'est substituée la monnaie européenne.

Depuis 1998/1999 ; l'État de Madagascar ne détient que des participations minoritaires dans quelques banques : le système bancaire est entièrement privatisé, des investisseurs malgaches y sont présents, mais le capital de tous les établissements importants est en majorité détenu par des étrangers. Au niveau de la Banque centrale, les statistiques donnent 11 banques territoriales, 7 établissements financiers et 29 institutions de microfinance. Sur les 11 banques territoriales, 4 sont des banques de dépôt : elles disposent d'un réseau relativement dense et se partagent 90% du marché bancaire. Les 7 banques territoriales restantes sont des banques d'affaires possédant chacune deux agences au plus.

Dans le cadre de la politique monétaire, les statuts de la Banque centrale de Madagascar (BCM), donnent à celle-ci la mission d'assurer la stabilité des prix. La BCM a donc pour objectif principal la lutte contre l'inflation. Par ailleurs, la BCM peut apporter son soutien à la politique économique du gouvernement, notamment en matière de croissance du produit intérieur brut (PIB). Pour accomplir ses missions, la BCM dispose entre autres d'un instrument appelé taux directeur, qu'elle peut relever ou baisser selon les circonstances. Cet instrument constitue le taux de référence des banques territoriales dans leurs opérations bancaires sur le marché monétaire : rémunération de l'épargne, octroi de crédits. Dans l'octroi de crédit, une banque territoriale (banque commerciale), va appliquer à son débiteur un taux d'intérêt constitué du taux directeur de la BCM, auquel s'ajoute la marge bénéficiaire destinée à rémunérer le service de la banque territoriale. La politique monétaire de la BCM, qui vise l'atteinte du double objectif de maîtrise de l'inflation et d'amélioration de la croissance économique, peut revêtir un caractère (a) expansionniste lorsque la BCM cherche à accroître le PIB, ou (b) restrictive lorsqu'elle veut limiter l'inflation. Mais cet exercice ne se fait pas sans heurt. À titre d'illustration[49], la BCM procède en 2017 à une baisse du taux directeur, qui passe de 9% à 8,5%, soit une réduction de 5 points de base. Ce faisant, la BCM vise à augmenter le PIB. La baisse du taux directeur devrait être suivie par une baisse des taux d'intérêt des banques territoriales. Cette baisse favorise la demande de crédits de la part des ménages (consommation) et des entreprises (activités d'investissement et de production). Il en résulte donc une augmentation de la demande globale. Tout ceci permet de déclencher un mécanisme dynamique de développement susceptible de stimuler l'accroissement du PIB. Cependant, lorsque l'accroissement de la demande globale n'est pas maîtrisé, il peut donner lieu à une tension inflationniste, du fait de la rareté de plus en plus prononcée des biens et des matières premières sur les marchés. En vue de juguler cette tension inflationniste, la BCM relève le taux directeur, d'où l'augmentation du taux d'intérêt des banques, ce qui déclenche la réduction de la demande de crédits et par ricochet, de la demande globale. Pour la BCM, en portant le taux directeur de 9% à 9,5% ; elle veut ramener le taux d'inflation de 8,2% du mois d'août 2017 à 7%, c'est – à -dire à son niveau d'août 2016.

Les expériences antérieures à cette manipulation du taux directeur par la BCM, montre que cette approche est sans impact réel, donc inefficace par rapport à l'amélioration des conditions de vie des populations de Madagascar. Cette situation s'explique par des problèmes structurels de l'économie de Madagascar, au travers de deux faits essentiels. Il s'agit de (a) l'absence véritable de réaction des banques territoriales aux variations du taux directeur de la BCM, surtout dans le cas d'une diminution (exploitation de l'avantage d'une marge bénéficiaire plus substantielle) ; (b) un très faible taux de bancarisation (moins de 5%), ce qui empêche la transmission en temps réel des mesures de politique monétaire. Il faut également relever la prédominance du secteur informel, aggravant davantage le faible impact de la variation du taux directeur sur les autres agrégats économiques. L'inefficacité de la politique monétaire pratiquée par la BCM tient aussi à l'absence d'une véritable concurrence entre les banques primaires : le marché du crédit est en situation d'oligopole, ce qui conduit à des ententes entre les banques dans la fixation de leur taux d'intérêt et dans leur répartition géographique sur le territoire national. Cette situation interpelle fortement l'État de Madagascar, qui devrait dynamiser ses institutions de contrôle et de surveillance. L'action de contrôle et de surveillance de l'État

[49] Journal MIDI Madagascar du 07 novembre 2017 : Politique monétaire, « Echec prévisible de la manipulation du taux directeur », Zavamanitra Andriamihharivolamena

constitue dans ce domaine la seule planche de salut efficace pour les ménages du pays.

Encadré 1

LA BANQUE CENTRALE DE MADAGASCAR

La Banque centrale de Madagascar (BCM) a été créée par ordonnance n°73-025 du 12 juin 1973 pour se substituer à l'Institut d'Émission Malgache. En 2005, la BCM renomme officiellement la monnaie nationale **ariary**, à la place du franc.

Quelques repères historiques

La sortie de Madagascar de la zone franc s'effectue en 1973 ;
Elle met fin à l'Institut d'Émission Malgache (IEM) fondé en mai 1962, dans la perspective de l'indépendance de Madagascar intervenue le 1er juillet 1963 ; la monnaie alors en vigueur est le Franc malgache ;
L'IEM succédait à l'ancienne banque de Madagascar créée en 1925.

Les statuts de la Banque centrale de Madagascar (BCM)

Modifiés par la Loi modifiée N°94-004 du 10 juin 1994 qui consacre l'indépendance de l'institution financière malgache en matière de politique monétaire, les statuts de la BCM lui confèrent une mission générale. La Banque centrale de Madagascar a pour mission générale de veiller à la stabilité interne et externe de la monnaie, et mettre en œuvre la politique monétaire. De manière plus explicite, la Banque centrale de Madagascar assume les fonctions suivantes :

1. Elle exerce le privilège d'émission de billets de banque et de pièces de monnaie ayant cours légal sur le territoire de Madagascar ;
2. Elle est la banque des banques ;
3. Elle est la banque de l'État ;
4. Elle gère la réserve nationale de change ;
5. Elle est garante du bon fonctionnement du système bancaire et financier ;
6. Elle veille au bon fonctionnement du système des paiements ;
7. Elle assure le Secrétariat Général de la Commission de Supervision Bancaire et Financière.

Depuis 2005, l'ariary (ISO 4217 MGA) est l'unité monétaire de la république de Madagascar ; il reprend la dénomination monétaire qui était en usage à l'époque du royaume de Madagascar au XIXe siècle et remplace dans l'ordre d'émission le Franc malgache, le Franc CFA des Comores et Madagascar, le Franc de Madagascar.

8.4. L'avènement de l'eco, comme « un cheveu sur la soupe » :

Alors qu'en Afrique dans toutes les sphères de la vie sociale, les débats et autres polémiques font rage autour de la disparition du franc

CFA, l'eco est annoncé à Abidjan, Côte d'Ivoire, comme monnaie devant se substituer désormais au franc CFA de l'Union économique et monétaire ouest-africaine (UEMOA).

8.4.1. La genèse et les vrais promoteurs de l'eco : dans les années 1960, les quinze pays membres[50] de la Communauté économique des États de l'Afrique de l'Ouest (CEDEAO), encore connue sous le nom de ECOWAS (Economic Community of West African States), prennent l'initiative de création de la monnaie unique en leur sein. Ils lui donnent le nom de eco (probablement inspiré par **ECO**WAS) : le lancement de cette monnaie est prévu pour le troisième trimestre 2020, mais a été renvoyé à une date ultérieure. En perspective cette monnaie une fois adoptée, devait résoudre le lancinant problème du franc CFA au sein des huit États membres de l'Union économique et monétaire ouest-africaine (UEMOA). La condition préalable de renforcement de la convergence macroéconomique des quinze pays de la CEDEAO n'étant pas encore remplie par tous, le lancement effectif de la monnaie unique « eco » est mis en veilleuse.

8.4.2. Le caractère « usurpé » de la substitution de l'eco au franc CFA : alors que la condition sine qua non de convergence macroéconomique au sein de la CEDEAO/ECOWAS se fait attendre, une décision d'envergure est prise à Abidjan le 21 décembre 2019, lors de la visite du président français Emmanuel Macron. Les deux présidents, Emmanuel Macron de la France et Alassane Ouattara de la Côte d'Ivoire, annoncent la disparition programmée du franc CFA au sein de l'UEMOA : dès le 1er juillet 2020, le franc CFA sera remplacé par l'eco. Il en résultera deux changements majeurs : la suppression du compte d'opérations à la Banque de France et des sièges occupés par des représentants français au sein des instances de la BCEAO (Banque centrale des États de l'Afrique de l'Ouest). Au titre de contrepartie, tout se joue en deux temps : la Banque de France assurera la parité entre l'eco et l'euro ; le 20 mai 2020, le Conseil des ministres français entérine un projet de loi sur l'eco devant se substituer au franc CFA ; soumis à l'Assemblée nationale et au Sénat français, ce projet de loi statuant sur l'eco nouvelle monnaie commune (à ne pas confondre avec monnaie unique) est adopté, validant ainsi la fin du franc CFA au sein de l'UEMOA.

---

[50] Benin, Burkina Faso, Cap-Vert, Côte d'Ivoire, Gambie, Ghana, Guinée – Bissau, Guinée, Liberia, Mali, Niger, Nigeria, Sénégal, Sierra Léone, Togo.

La réaction des autres États membres non francophones de la CEDEAO est défavorable : « cette action n'est pas conforme aux décisions » de la CEDEAO en vue de « l'adoption de l'eco comme nom de la monnaie unique » de toute la région, dont l'idée est débattue depuis bientôt trente ans, clament-ils. À titre de rappel, les critères de convergence sont les suivants : un déficit budgétaire n'excédant pas 3% ; une inflation inférieure à 10% et une dette extérieure (encours) ne dépassant pas 70% du PIB (Produit intérieur brut).

D'après le projet initial, la future monnaie l'eco, pourra nouer des relations non exclusives avec l'euro, En clair, les banques de la zone CFA de l'UEMOA devront gérer la totalité de leurs réserves de change. Elles auront ainsi la liberté de les répartir auprès des banques partenaires à travers le monde.

8.5. Les leçons des réflexions sur la création de la monnaie unique commune africaine

Depuis de nombreuses années, des experts africains mènent des travaux sur la mise en place de la monnaie unique commune du continent africain. Le préalable fondamental, c'est l'intégration économique de l'Afrique, qui en constitue un grand atout. En effet, une monnaie n'a d'importance que lorsqu'elle est attachée à un marché, lui-même étant d'autant plus efficace qu'il couvre une économie bien intégrée. L'avènement au 1er janvier 1999 de l'euro, monnaie unique européenne, constitue pour le continent africain un exemple de projet économique réussi, qui vient conforter les experts et responsables des États du continent, dans leur ambition de doter celui-ci d'une monnaie unique commune forte.

8.5.1. L'ambition d'une Afrique forte : la création en 1963 de l'Organisation de l'Unité africaine (OUA) visait plusieurs objectifs, portant plus fondamentalement sur (a) la promotion des structures socio-économiques en vue de l'amélioration du bien-être des États devenus indépendants et l'intégration de tout le continent ; (b) la mise en place des institutions appropriées, destinées à porter la vision des pères fondateurs de l'OUA.

Cette ambition va cependant, comme il fallait s'y attendre faire face à de nombreux obstacles, dont les plus saillants sont les divergences idéologiques et l'inadéquation des infrastructures financières, d'où la non-atteinte des objectifs.

8.5.2. Un nouveau sursaut : la création de l'euro au sein du continent européen va constituer pour le continent africain un nouveau déclic, véritable stimulant qui démontre l'importance de la monnaie unique communautaire continentale, laissant nourrir l'espoir de plus grande prospérité impulsée par l'impact de l'intégration de la dimension monétaire dans un monde globalisé ; l'effet incitatif d'une plus grande interconnexion du monde sur le plan des relations économiques et du système de communication, toutes choses incompatibles avec quelque politique « individualiste ». Ces relations et ce système génèrent des évolutions irréversibles, constituant entre autres des facteurs de renforcement de l'importance de la monnaie unique commune africaine. Nous proposons **afric** comme nom de la monnaie unique commune africaine ;

8.5.3. Des atouts naturels : les richesses naturelles du sous-sol et le poids démographique du continent africain sont un enjeu indéniable pour le développement en perspective de tous les États du monde. Pour le vingt-unième siècle et ceux qui vont suivre, le développement s'impose comme un défi que tous les acteurs se doivent de relever.

8.5.4. Rappels historiques et perspectives : les membres fondateurs de l'OUA ont toujours été préoccupés par l'avènement rapide d'une Afrique unie, comme le laisse comprendre d'ailleurs l'appellation de l'organisation créée aussitôt dans les « cendres chaudes » des premières indépendances. D'où des initiatives notoires dans la recherche de la mise en œuvre de la vision originelle, symbolisée dès 2001 par la transformation de l'Organisation de l'Unité africaine (OUA) en Union africaine (UA) : (a) en 2003, l'association des Banques centrales s'engage à développer des mécanismes de mise en place d'une Banque centrale appelée à gérer la monnaie unique commune africaine à l'horizon 2021. Un préalable impératif à rechercher est la création d'un vaste marché sans frontières permettant le libre mouvement des biens et des services , des personnes et des capitaux ; (b) la monnaie unique commune africaine comporte des avantages, notamment pour sa capacité à (i) booster le commerce au sein du continent, le rendant bénéfique à tous les États membres grâce à plus de synergie et de symbiose ; (ii) faciliter une plus large coopération économique entre les États membres de l'Union africaine, stimulant de ce fait les efforts de relever le défi de développement accéléré du continent ; (c) recherche de solutions pour surmonter les obstacles liés aux acquis de la colonisation : il devient impératif d'inciter et de mettre en œuvre des mécanismes de développement des nations africaines capables de résister aux crises mondiales.

Les outils indispensables pour permettre à l'Afrique de relever le défi fondamental de son unification portent sur la nécessité (i) d'asseoir des technicités propices à une intégration monétaire plus forte ; (ii) de mettre au point des taux de changes fixes ; (iii) d'instaurer un contrôle central des politiques monétaires et fiscales ; (iv) de créer et rendre fonctionnelle une Banque centrale africaine.

Rendues opérationnelles et efficaces, ces dispositions devraient alors permettre de doter le continent d'institutions fortes, requises à la fois sur le plan national et régional.

8.5.5. Des études[51] dignes d'intérêt : des études menées dans la perspective de la mise en place de la monnaie unique commune africaine ont permis de disposer des éléments pertinents sur les efforts de faisabilité de ce projet cher au continent. Les travaux relatifs à ces études ont passé en revue les huit blocs économiques régionaux (RECs) énoncés dans l'encadré ci-dessous :

Encadré 2

The eight regional economic communities (RECs) recognized by the African Union (AU) are : the East African Community (EAC), Arab Maghreb Union (AMU), Economic Community of Central African States (EECAS), Inter-Governmental Authority on Development (IGAD), Economic Community of West African States (ECOWAS), Community of the Sahel Saharan States (CEN-SAD), Common Market of Eastern and Southern Africa (COMESA), and, the Southern African Development Community (SADC). Among all these eight RECs, EAC is on the lead as the most integrated bloc in Africa : its Headquarters are located in Arusha, Tanzania.

A. **Examen des blocs économiques régionaux** : la création de la monnaie unique commune africaine doit s'appuyer sur les performances de chacun des blocs économiques régionaux qui doivent

[51] Voir notamment 1. Balassa B., 1961 : The theory of economic integration, London, Goerge Allemand Unwin ; 2. Masson Paul, and Catherine Pattillo, 2004, « A single currency for Africa ? », Finance and Development Magazine, December 2004, Volume 41, Number 4. 3. Masson, Paul, 2006, Trade and Currency Unions IN Africa ? available at https//w.w.w.gtap.agecom.puredue/events/conference/2006/Documents/Masson_PPT.ppf

en retour en attendre des avantages, au niveau de chacun d'eux et celui de chaque État membre. À présent, les situations qui globalement ne permettent pas la mise en place de la monnaie unique commune africaine, varient selon les blocs économiques : **(a) pour la COMESA** l'importance relative (par rapport au Produit intérieur brut, PIB) des financements de ses États membres laisse entrevoir un avantage au travers de la monnaie unique commune africaine si celle-ci était instituée ; (b) **au niveau de la SADC**, la nécessaire amélioration des politiques fiscales serait une perte pour les États membres de cette région .À titre d'exemple, la république d'Afrique du Sud (première économie du continent en concurrence avec le Nigéria) connaîtrait d'énormes pertes en termes de conditions de vie, donc du bien-être de ses populations. Le marché de la SADC représente 50% de son commerce (échanges) en direction de l'Afrique ; **(c) pour les autres blocs économiques régionaux**, le niveau du commerce intrarégional est extrêmement bas, car se situant à moins de 11% du total du commerce extérieur. Le commerce extérieur n'est pas diversifié, ce qui laisse penser que les coûts de transaction de chaque région prise individuellement pourraient être limités.

Avec l'avènement de la monnaie unique commune africaine, les problèmes de convertibilité devraient trouver une solution, permettant entre autres d'améliorer le volume des échanges entre les pays des huit régions du continent sur la base de la stratification opérée par l'Union africaine (UA). Il faut relever une amélioration du commerce au sein de la SADC, qui affiche 20%. Le record de faiblesse est enregistré par ECCAS, avec seulement 4,8% du commerce intra-africain.

B. Processus susceptible de déboucher sur la création de la monnaie unique commune africaine : il convient de souligner que la création de région n'obéit pas à une batterie de critères d'adhésion, mais juste à un critère géographique. En conséquence, l'automaticité d'accès au titre de pays membre régional en Afrique recèle un risque d'affaiblissement des États membres par les moins performants. Par nécessité d'esprit de solidarité entre les pays qui la composent, l'Afrique doit surmonter ce risque de faible performance, ainsi aucun pays ne sera à la traîne :

i. La création de Zones monétaires régionales (ZMR) : l'Union africaine (UA) pourrait faire émerger une zone monétaire dans chacune des huit régions et assister ces régions dans la définition des critères que les pays devraient remplir pour devenir membres de la zone monétaire régionale. Une solution alternative pourrait consister en une expansion des unions monétaires, sur la base d'un ensemble de critères de performance préalablement définis et approuvés par l'Union africaine.

II. L'impact à long terme du commerce intra-africain : les données collectées montrent que le commerce intra-africain ne présente qu'un menu fretin en termes de gains à courtes échéances. À long terme, les avantages devraient être substantiels moyennant une meilleure dynamique entre les communautés économiques régionales : (a) la nécessaire approche de mise en place de la monnaie unique commune africaine doit être abordée avec beaucoup de prudence ; (b) le continent devrait au préalable mettre l'accent sur le renforcement des communautés économiques régionales (CER) aux fins d'une meilleure intégration monétaire et financière, ce qui conduirait au relèvement des niveaux du commerce intra-blocs régionaux, un accroissement de la mobilité des ressources humaines (travail) ainsi qu'une harmonisation des salaires et des prix ; (c) la mise en place d'une monnaie régionale commune (MRC) sous l'autorité d'une Banque centrale, au niveau de chaque communauté régionale ; (d) les régions devraient être appuyées dans leurs efforts de diversification de leurs structures industrielles. Cette diversification facilitera des échanges commerciaux harmonieux, permettant par ricochet à stabiliser les taux d'inflation et d'intérêt ; (e) l'Union africaine devrait s'assurer que le NEPAD (New economic partnership for Africa's development), transformé en 2018 en Agence de développement sous l'égide de l'UA, est performant en matière de revue des pairs dans les domaines respectifs de croissance économique, bonne gouvernance et renforcement des politiques fiscales, dans toutes les régions ; (f) à terme, les monnaies régionales vont converger vers une monnaie unique commune africaine, dont la gestion sera assurée par une Banque centrale supranationale. Cette monnaie unique commune aura entre autres avantages majeurs la réduction des déconnections drastiques des marchés africains ; elle renforcera mieux ainsi leurs relations en matière d'échanges.

iii. L'importance de la future Banque centrale africaine : la Banque centrale africaine devrait traduire les objectifs complémentaires de la monnaie unique commune africaine, qui sont entre autres (a) les meilleures politiques économiques, (b) la croissance et la gouvernance, (c) davantage d'intégration régionale sur le double plan politique et économique ; (d) l'accélération du développement du continent et (e) l'effet catalytique de la monnaie sur la transformation de l'Afrique.

La Banque centrale africaine est appelée à jouer un rôle déterminant dans la réaffirmation de l'indépendance en matière de politiques monétaires. Ce rôle se traduit par les conditions suivantes : (a) des flexibilités dans l'ajustement des taux de change en vue de maîtriser l'inflation au niveau des États membres, face aux chocs endogènes et exogènes. Il est important de relever ici sa nécessaire implication dans l'équilibre des relations de l'Afrique avec les institutions multilatérales (Banque mondiale, Fonds monétaire international, Banque africaine de développement, Banque européenne d'investissement,...) et bilatérales (Agence française de développement, Eximbank, Agence canadienne de développement international,...) ; (b) la coordination des politiques fiscales des États membres ; (c) une action directe afin de permettre au continent d'exercer plus d'influence dans les domaines de souveraineté ; (d) un contrôle plus renforcé en matière des impôts et taxes et de la dépense publique.

Aujourd4hui, il n'est pas anodin de rappeler que ces conditions sont loin d'être remplies par les États membres de l'Union africaine, pris individuellement et en tant qu'union.

Comme nous l'avons rappelé plus haut, une monnaie n'a d'importance que si elle est attachée à un marché où elle a cours légal, ce marché ne devant lui-même son efficacité qu'à la meilleure intégration de l'économie dans laquelle cette monnaie est effectivement utilisée. La monnaie unique commune africaine n'échappe pas à la règle.

8.5.6. La crypto-monnaie comme planche de salut éventuelle[52]

La création de la Zone de libre-échange continentale africaine (ZLÉCAf), dont l'accord a été signé à Kigali (Rwanda) le 21 mars 2018, constitue un événement salutaire pour la création de la monnaie unique commune africaine.

Pendant des années, des débats houleux ont traité de manière spécifique de l'avenir du franc CFA. Ces débats ont « accouché par césarienne », pourrait-on dire, une solution partielle que pourrait constituer la monnaie « eco » pour une des sous-zones du franc CFA.

---

[52] L'Agence Ecofin du 30 avril 2023 définit la cryptomonnaie comme « une monnaie numérique émise de pair-à-pair sans nécessité de banque centrale, utilisable au moyen d'un réseau informatique décentralisé »

Dans le sillage de tous ces débats, est apparue l'idée d'un nouveau type de monnaie, sorte de camouflet pour toutes les monnaies existantes. Il s'agit de la monnaie numérique ou crypto-monnaie. La crypto-monnaie se présente comme le produit de l'évolution au stade actuel de la monnaie. Elle traduirait la nécessité d'innover dans le domaine monétaire.

Nous allons nous pencher sur ces idées innovantes et examiner l'impact de la crypto-monnaie sur les problèmes auxquels se trouvent confrontés les pays africains, tant au niveau de l'ensemble du continent qu'à celui plus spécifique de la zone franc.

A. La nécessité d'innover dans le domaine de la monnaie

Notre monde dans son évolution par le biais de la monnaie devient un réseau de richesse alimenté par la monnaie. Ainsi, la monnaie interpellée par les origines sociales, géographiques et professionnelles, comporte un pouvoir indéniable détenu par ceux qui la contrôlent. Cette situation est parfaitement illustrée par l'impact des créations des réseaux sociaux, notamment les milliardaires propriétaires de Facebook et de Twitter (devenu X).

Cette évolution a pour conséquence l'impérieuse nécessité d'innover dans le domaine de la monnaie, sous divers aspects.

A1. Au niveau des pays ou des individus, les besoins sont complexes

À titre d'illustration, les États-Unis d'Amérique (a) sont une puissance économique ; (b) ce pays dispose d'une devise ; (c) des prêts sont libellés dans cette devise ; (d) il résulte des rendements de ces prêts, exprimés en cette devise, et (e) ces rendements donnent dans la devise ainsi utilisée, des dérivés susceptibles de donner naissance à d'autres produits dérivés.

A2. Cette prolifération de dérivés effrite quelque peu la confiance dans la devise américaine : se fier au papier portant la mention « In God we Trust » qu'est le billet vert (dollar des États-Unis d'Amérique) devient insuffisant.

B. D'autres changements se font jour : détenir par exemple au niveau d'un pays une monnaie soutenue par la plus grande économie ne suffit plus pour établir la confiance dans les transactions internationales.

C. Une leçon d'histoire : en Chine vers l'an 600 avant Jésus-Christ le premier papier-monnaie portait, non pas la mention « In God we Trust », mais plutôt « Si vous faites ceci, vous serez décapité ». En clair, en Chine ; on ne tolère aucun geste déviant avec la monnaie : gare à la fausse monnaie – qui détruit la confiance - incarnée par la monnaie. D'où l'activation de la loi de talion « œil pour œil », « dent pour dent », le fait de falsifier la monnaie étant assimilé à un meurtre.

C1. L'importance de la confiance : en matière de monnaie, le moindre doute n'est toléré. L'histoire nous apporte quelques éclairages édifiants : (a) dans l'antiquité, la monnaie est représentée par la pièce d'or, qui est en fait un alliage d'or et d'argent, d'extraction plus facile du fait de la rareté de l'or ; (b) sur le dollar américain, il est porté l'insertion « In God we Trust », ce qui est insuffisant pour rassurer de la fiabilité de la teneur en or dans le billet vert. Un travail d'investigation devient nécessaire pour éviter des mesures à l'instar de la planche à billets, question de maîtriser l'inflation.

C2. La spécificité des cas « trustless » : (a) une monnaie « trustless » est caractérisée par l'absence totale de confiance en cette monnaie. Cette situation donne lieu à une cascade de « non-confiance », notamment (i) dans la monnaie elle-même, aux extracteurs (mineurs) d'or du sol ; (ii) aux systèmes de paiement ou aux banques, voire (iii) au gouvernement ; (b) peut-il arriver à l'or d'être « trustless » ? Non ! car ne disposant pas d'information sur la quantité d'or dont regorge le monde il n'est pas possible d'y accorder quelque confiance ; (c) qu'en est-il du dollar « trustless » ? Il y a évidemment une préoccupation de confiance dans la monnaie américaine.

Cependant (i) on peut redouter une possible « planche à billets », effritant ainsi au passage la valeur de l'argent ; (ii) le détenteur d'un compte en banque n'est pas totalement à l'abri du risque de voir son compte saisi sur une saute d'humeur ; (iii) le chèque émis peut ne pas être positionné, entre autres nombreuses raisons de voir se détériorer la confiance du détenteur du dollar américain. Ces observations sont applicables quelle que soit la monnaie.

D. La solution en cas de « trustless » : moyennant des conditions préalables, la solution à tous les problèmes relevés plus haut réside dans le Bitcoin, qui s'avère être la première monnaie effectivement « trustless » pour de nombreuses raisons, notamment avancées par des précurseurs dans l'utilisation des crypto-monnaies. Un exemple patent est donné par les développeurs des projets basés sur un écosystème représentant des milliers de milliards, au travers de leur utilisation effective. Il y a lieu de s'attendre dans une vingtaine d'années, à un changement total de l'économie mondiale.

E. L'informatisation décentralisée : l'utilisation du Bitcoin devient un impératif du fait de la nature même de la crypto-monnaie basée sur l'informatique. Cette évolution se traduit par des contrats intelligents, des plateformes d'échanges d'objets de toute nature dans le monde entier, transformant ainsi le monde dans lequel vit l'humanité, en un gigantesque super-ordinateur.

L'existence des crypto-monnaies qui présage une domination remarquable dans la vie de l'humanité, traduit une double évolution : l'évolution de la monnaie et l'évolution de ses fonctions dans notre vie quotidienne. Ces crypto-monnaies sont susceptibles d'enregistrer des « hauts » et des « bas ». D'où prudence !!!

Dans ses publications récentes, James Altucher[53] donne quelques statistiques en 2022 et des exemples d'utilisation pratique des Bitcoins.

F. Quelques statistiques en 2022

De nombreuses entreprises, notamment du secteur industriel recourent aux technologies induites par la mise en œuvre de la crypto-monnaie pour améliorer leur chaîne d'approvisionnement. C'est le cas de l'entreprise américaine Walmart qui utilise une technologie connue sous le nom de « Hyper ledger fabric », une plateforme d'entreprise distribuée pour suivre la chaîne d'approvisionnement. De même, pour rassurer sa clientèle de l'authenticité de la qualité de ses produits, l'entreprise LVMH intègre dans ses sacs d'emballage des puces et autres chips y dédiés. LVMH fait par ailleurs face à un problème de contrefaçon fortement préjudiciable à son image.

D'autres applications allant dans le même sens, permettent de développer davantage d'efficacité de gestion transparente des données (cas spécifique des données médicales) des projets dans le domaine des calculs de grande puissance, de l'immobilier, de l'activité d'assurance, de maîtrise de l'inflation ; l'inflation constitue une sorte de « bête noire » du développement économique : le phénomène d'inflation revêt

[53] Les investissements de JAMES ALTUCHER JUIN 2020 N°55

beaucoup d'importance du fait notamment des conséquences néfastes de la « volatilité » des taux d'intérêts, voire des taux de change.

G. Le recours à la crypto-monnaie comme solution au problème lancinant du franc CFA

Les adeptes de la crypto-monnaie ne tarissent pas d'arguments pour justifier ce saut vers l'innovation, dans le sillage des autres innovations qui frappent à la porte de l'humanité. Mais à la réflexion, l'on ne peut ignorer des environnements des pays en développement, notamment par rapport au franc CFA. La république centrafricaine (RCA) a fait un grand pas dans l'adoption et l'utilisation de la crypto-monnaie : étant membre de la Communauté économique et monétaire d'Afrique centrale (CEMAC) dont la monnaie commune ayant cours légal est le franc CFA, la RCA fait face à la contrainte de respect de la réglementation monétaire au sein de la CEMAC. Mais cette difficulté est loin d'être la plus déterminante. D'autres défis, communs à tous les pays de la zone franc sont à relever : outre la question du pouvoir d'achat, il y a surtout le défi de la fracture numérique, la crypto-monnaie fonctionnant grâce à l'informatique. Il se trouve que dans la plupart des pays de la zone franc CFA, les infrastructures, les équipements et la maîtrise en matière de la science informatique sont en – deçà des exigences que requière la délicatesse de gestion d'une monnaie. En effet, la mise en place de la crypto-monnaie devrait faire appel à des algorithmes de plus en plus sophistiqués.

Sur le plan éthique, l'utilisation de la cryptomonnaie ne va pas sans inconvénients : outre l'extrême volatilité déjà relevée, il faut déplorer le risque d'arnaque. À titre d'illustration, l'Agence Ecofin mentionne les préoccupations que révèle une étude réalisée sur l'utilisation de la crypto-monnaie au travers d'un échantillon d'entreprises créées dans ce domaine au Cameroun. Il ressort de cette étude du ministère des finances sur « le développement de la crypto-monnaie et des activités relevant du système de Panzi dans le pays » que : (a) 9OO 000 utilisateurs de crypto-monnaies sont recensés au Cameroun, soit 6,76% de la population active, ce qui place le Cameroun au 11ème rang du classement dominé par le Nigeria qui compte 22,33 millions d'utilisateurs ; (b) l'enquête a porté sur un échantillon de 18 entreprises qui, supposées exercer dans la crypto-monnaie, ont fait faillite après avoir arnaqué leurs clients ; (c) ces entreprises, censées offrir des services de crypto-monnaie, ont essentiellement apporté des prestations conseils en investissements sur les marchés financiers, des opérations d'achat et de vente en ligne, la gestion des portefeuilles de cryptoactifs ; elles ont par ailleurs bénéficié des placements de 1872 agents économiques. La grosse accusation portée contre ces entreprises tient au fait qu'elles entretiennent en parallèle un système de Panei, montage financier frauduleux consistant à rémunérer les souscripteurs, non pas avec le rendement des investissements ou des placements opérés, mais plutôt par des fonds collectés auprès des nouveaux clients mobilisés. Inévitablement, à un moment donné, les « encaisses » sont largement inférieures aux « dettes échues », d'où faillite.

L'utilisation de la crypto-monnaie mérite d'être mise en perspective dans l'évolution contrôlée et la gestion prudente des économies en Afrique, en étroite coopération avec le reste de la communauté internationale.

Les études sur la création et la mise en place de la monnaie unique commune africaine devraient intégrer ces éléments issus de l'expérience d'implantation de la crypto-monnaie.

CINQUIÈME PARTIE

L'INTÉGRATION RÉGIONALE DE L'AFRIQUE

Chapitre 9

La création de la zone de libre-échange continentale africaine (ZLÉCAf)

9.1. L'impact de la monnaie unique commune africaine

9.1.1. Une intégration économique plus large : la monnaie unique commune africaine, en cours dans un continent disposant d'une vaste zone de libre-échange, devrait créer des conditions hautement favorables pour l'Afrique, dans les négociations commerciales notamment avec les États-Unis d'Amérique et l'Union européenne (niveau bilatéral), et au niveau multilatéral l'Organisation mondiale du commerce (0MC) ; des opportunités plus grandes pour les producteurs africains, les hommes et femmes d'affaires, de même que les consommateurs plus en contact avec un monde globalisé qui favorise des blocs plus larges pour davantage de compétitivité en termes d'investissements entrants et de commerce extérieur ; un marché africain plus vaste doté d'une monnaie unique commune, constituerait un véritable stimulant attractif des investissements directs étrangers (IDE) en direction de l'Afrique.

Le continent devrait connaître une nouvelle phase de son ouverture sur l'extérieur. Jusqu'ici attractif essentiellement pour ses ressources minières et le pétrole, il aura accès à des opportunités d'IDE dans les domaines des semi-conducteurs, de la nanotechnologie et de la robotique, entre autres. Un des effets positifs sera perceptible dans la promotion de l'industrialisation de l'Afrique au travers justement des IDE, notamment grâce à l'apport des entreprises transnationales en quête d'opportunités offertes par un marché africain plus vaste permettant des économies d'échelle et une production efficiente.

9.1.2. Avantages d'une unification monétaire : la monnaie unique commune africaine offre des possibilités de mutualisation des ressources afin de tirer avantage des économies d'échelle et de la facilité d'accès à un marché plus diversifié ; au niveau régional, la productivité se trouve boostée du fait de la concurrence ; la diversification de la production et par ricochet des exportations, la coordination et l'harmonisation des règles et des lois budgétaires au sein de l'Union, constituent autant d'atouts pour les États membres, et permettent une réduction substantielle des déficits budgétaires parfois exorbitants, contribuant par ailleurs à la stabilité du taux de change régional.

Il faut relever que l'adoption d'une monnaie unique commune les États membres de l'Union africaine leur permet de bénéficier d'une baisse des coûts de transaction et d'un taux de change stable, d'où à titre d'exemple l'élimination du coût relatif aux conversions en d'autres devises, notamment le dollar américain. Il en résulte davantage d'efficacité des opérations en termes de transparence et de niveau des prix. Cependant, il existe un coût à payer par rapport à la souveraineté nationale, au niveau de la politique macroéconomique. D'où renoncement à l'ajustement vital, instrument utilisé au niveau de la balance des paiements. De même, on note que l'option de diversification ou de réévaluation de la monnaie ne relève plus exclusivement de la politique économique et monétaire de chaque État membre : cette option relève désormais de la Banque centrale supranationale. Celle-ci supervise les principaux aspects des politiques fiscales et monétaires, notamment les taux d'intérêt et de change.

D'après les travaux de Jeffrey Frankel et Andrew Rose (2000), l'appartenance à une monnaie commune multiplie le niveau de commerce des membres par trois, en comparaison avec le résultat obtenu en cas d'utilisation de devises multiples. En d'autres termes, « lorsqu'une région/zone dispose d'une même devise, celle-ci améliore le développement des échanges et renforce la croissance économique » (Collier, 1991). De même, la fabrication de la monnaie localement contribue à la réduction substantielle du coût qui en résulte.

9.1.3. Dispositions à prendre pour tirer pleinement avantage de la monnaie unique commune : la monnaie unique commune africaine comporte de nombreux avantages. Pour en bénéficier pleinement, l'Afrique doit adopter et mettre en œuvre des mesures appropriées, dont :

(a) la compétitivité : elle est mutuellement bénéfique ;

(b) la stabilité macroéconomique : elle est impulsée notamment par davantage de prudence en matière de fiscalité, permettant un renforcement de la crédibilité au niveau interne de chaque État membre ;

(c) du fait de ses richesses en matières premières, l'Afrique doit viser une position de plus grande influence au niveau mondial, grâce à la mise en place de la monnaie unique commune et du caractère avantageusement bénéfique du coût de sa main-d'œuvre ;

(d) moyennant toutes les dispositions d'efficacité de gestion et de bonne gouvernance, le continent africain devrait s'offrir (i) une amélioration du bien-être du consommateur, (ii) des relations politiques plus fortes avec les autres continents et (iii) davantage de sécurité tant à l'intérieur qu'à l'extérieur de ses frontières ainsi qu'au plan national de chacune des nations du continent. Il faut saluer et encourager les efforts déployés notamment dans l'ITIE (Initiative de transparence dans les industries extractives) : les quelques « canards boiteux » qui font encore de la résistance devraient rapidement rentrer dans les rangs de la modernité en termes de gouvernance.

9.2. L'accord de création de la zone de libre-échange continentale africaine[54]

Les États parties de l'Union africaine ont pris conscience de la nécessité de (a) mettre en place un marché élargi et sécurisé ; (b) établir des règles claires, transparentes, prévisibles et mutuellement avantageuses ; (c) réaffirmer le droit des États parties de réglementer sur leur territoire ; (d) reconnaître le rôle-pilier des zones de libre-échange des communautés économiques régionales (CER) dans la création de la zone de libre-échange continentale africaine (ZLÉCAf)

Ils sont persuadés au terme de plusieurs concertations, que la ZLÉCAf permettra à ce vaste continent aux potentialités immenses et diversifiées, de 54 États et d'environ un milliard d'habitants, de (i) moderniser et renforcer une infrastructure appropriée ; (ii) procéder à la réduction voire à l'élimination progressive des barrières tarifaires au commerce et à l'investissement ; (iii) régir le commerce des marchandises et des services, la politique de concurrence , l'investissement et la propriété intellectuelle entre les États parties au travers des solutions aux problèmes posés par les régimes commerciaux multiples dont certains se chevauchent ; (iv) développer des flexibilités indispensables dans la poursuite des objectifs légitimes de politique

[54] Accord portant création de la zone de libre-échange continentale africaine, signée à Kigali (Rwanda), le 21 mars 2018.

publique, notamment dans le domaine de la santé publique ; et veiller aussi à la promotion et à la protection de la diversité culturelle.

9.2.1. L'organisation de la ZLÉCAf : La ZLÉCAf comporte quatre organes que sont la Conférence, le Conseil des ministres qui se réunit au moins deux fois par an, le Comité des hauts fonctionnaires du commerce et le Secrétariat.

Le Comité des hauts fonctionnaires du commerce est composé notamment des secrétaires généraux et des directeurs. Le Secrétariat est l'organe institutionnel du système de l'Union africaine. Il jouit d'une autonomie fonctionnelle et il est doté d'une personnalité juridique indépendante. Le Secrétariat a pour responsabilités (a) d'assister les Groupes spéciaux notamment sur les aspects légaux, historiques et procéduraux liés aux questions traitées ; (b) d'assurer les services de secrétariat ; (c) de faciliter la constitution des groupes spéciaux ; (d) d'assurer la mise à disposition des experts auprès des Groupes spéciaux ; (e) de communiquer toutes les notifications pertinentes adressées à l'organe de règlement des différends (ORD) et aux États parties.

9.2.2. Les objectifs de la ZLÉCAf

La ZLÉCAf vise huit (8) objectifs généraux et sept (7) objectifs spécifiques. Les objectifs généraux visent à (a) créer un marché unique pour les marchandises et les services, facilité par la libre circulation des personnes afin d'approfondir l'intégration économique du continent africain, conformément à la vision panafricaine d'une « Afrique intégrée, prospère et pacifique » telle qu'énoncée dans l'Agenda 2063 ; (b) créer un marché libéralisé pour les marchandises et les services à travers des cycles successifs des négociations ; (c) contribuer à la circulation des capitaux et des personnes physiques et faciliter les investissements en s'appuyant sur les initiatives et les développements dans les États parties et les Communautés économiques régionales (CER) reconnues[55] par l'Union africaine, qui sont au nombre de huit (8) ; (d) poser les bases de la création d'une union douanière continentale à un stade ultérieur ; (e) promouvoir et réaliser le développement socio-économique inclusif et durable, l'égalité de genres et la transformation structurelle des États parties ; (f) renforcer la compétitivité des économies des États aux niveaux continental et

[55] UMA, COMESA, CEN-SAD, CAE, CEEAC, CEDEAO, IGAD, SADC.

mondial ; (g) promouvoir le développement structurel à travers la diversification et le développement de l'agriculture et la sécurité alimentaire ; (h) relever le défi de l'appartenance à une multitude d'organisations qui se chevauchent, et accélérer les processus d'intégration régionale et continentale.

Les objectifs spécifiques quant à eux, doivent faciliter la réalisation des objectifs généraux indiqués plus-avant. À ce titre, les États parties : (a) éliminent progressivement les barrières tarifaires et non tarifaires au commerce des marchandises ; (b) libéralisent progressivement le commerce des services ; (c) coopèrent en matière d'investissement , de droits de propriété intellectuelle et de politique de concurrence ; (d) coopèrent dans tous les domaines liés au commerce ; (e) coopèrent dans le domaine douanier et dans la mise en œuvre des mesures de facilitation des échanges ; (f) établissent un mécanisme de règlement des différends concernant leurs droits et obligations ; (g) établissent et maintiennent un cadre institutionnel de mise en œuvre et de gestion de la ZLÉCAf.

La ZLÉCAf s'appuie sur deux protocoles : le protocole sur le commerce des marchandises et le protocole sur le commerce des services.

9.2.3. Le fonctionnement de la ZLÉCAf

A. Les avantages : la ZLÉCAf est régie dans sa mise en œuvre par douze (12) principes portant sur : (a) l'action conduite par les États membres de l'Union africaine ; (b) les zones de libre-échange (ZLÉ) des CER comme piliers de la ZLÉCAf ; (c) une géométrie variable ; (d) la flexibilité et le traitement spécial différencié ; (e) la transparence et la diffusion de l'information ; (f) la préservation des acquis ; (g) le traitement de la nation la plus favorisée (NPF) ; (h) le traitement national ; (i) la réciprocité ; (j) la libération sectorielle ; (k) le consensus dans la prise de décision ; (l) la prise en compte des meilleures pratiques au sein des CER et dans le cadre des conventions internationales applicables à l'Union africaine.

B. Le champ d'application : le champ d'application des principes de la ZLÉCAf couvre quatre (4) domaines : le commerce des marchandises ; le commerce des services ; les investissements ; et les droits de propriété intellectuelle et politique de commerce.

9.2.4. Le règlement des différends

Dans la recherche d'une mise en œuvre efficace de la ZLÉCAf, les États parties signataires de l'Accord portant création de la ZLÉCAf portent l'attention sur les règles de procédures relatives au règlement des différends.

A. Définition et manifestation des différends : il est créé au sein de la ZLÉCAf une institution connue sous le nom d'organe de règlement des différends (ORD). Cet organe est chargé de la mise en œuvre des dispositions des protocoles de création de la ZLÉCAf. Entre les États parties, il y a « Consensus » lorsqu'aucun État présent à la réunion de l'ORD au cours de laquelle une décision a été prise ne s 'oppose formellement à la décision proposée. Par opposition au « Consensus », le « Différend » est un désaccord entre les États parties relatif à l'interprétation et/ou à l'application de l'Accord en rapport avec leurs droits et obligations. Le mécanisme de règlement des différends a pour objectif d'assurer que le processus de règlement des différends est transparent, juste, équitable, prévisible et conforme aux dispositions de l'Accord.

Au titre du champ d'application, le mécanisme de règlement des différends porte sur (a) les droits et obligations des États parties en vertu de la disposition de l'Accord ; (b) les règles et procédures spéciales et additionnelles qui prévalent en cas de différence avec l'Accord ; (c) toute question spécifique non relative à une affaire déjà traitée dans le cadre du règlement des différends.

B. Le mécanisme de règlement des différends : le mécanisme de règlement des différends de la ZLÉCAf est un élément essentiel devant assurer la sécurité et la prévisibilité du système commercial régional. Il préserve les droits et obligations des États parties résultant de l'Accord et clarifie les dispositions existantes de l'Accord conformément aux règles coutumières d'interprétation du droit international public.

C. L'organe de règlement des différends (ORD) : l'ORD est composé des représentants des États parties. Il a le pouvoir de (a) créer des groupes spéciaux de règlement des différends et un organe d'appel (OA) ; (b) adopter les rapports des groupes spéciaux et de l'OA ; (c) assurer la surveillance de la mise en œuvre des décisions et recommandations des groupes spéciaux et de l'OA ; et (d) autoriser la suspension des concessions et autres obligations résultant de l'Accord.

Entre autres dispositions générales, il faut relever que : les recommandations et décisions rendues par l'ORD visent un règlement satisfaisant des différends, conformément aux droits et règlements en vertu de l'Accord portant création de la ZLÉCAf. ; les solutions mutuellement convenues relatives aux consultations et au règlement des différends pour des affaires formellement introduites dans le strict respect des dispositions de l'Accord sont notifiées à l'ORD devant lequel tout État partie peut soulever un quelconque point y afférent ; toutes les résolutions apportées aux différends formellement soulevées dans le respect des dispositions de l'Accord , relatives aux consultations et au règlement des différends, notamment les sentences arbitrales, doivent être compatibles avec l'Accord ; les demandes de conciliation, bons offices , médiation et le recours aux procédures de règlement des différends ne doivent pas être conçus ni considérés comme des actes de contentieux : si un différend survient, les États parties engagent ces procédures de bonne foi dans un effort visant à régler ce différend. Les recours et contre-recours concernant des questions distinctes ne doivent pas être liés.

Dans leurs consultations et recommandations, le Groupe spécial et l'OA ne peuvent ni accroître, ni diminuer les droits et obligations des États parties en vertu de l'Accord.

D. Les procédures de règlement des différends : en cas de différend entre États parties à l'Accord de la ZLÉCAf, il existe deux voies possibles pour y trouver une solution. Il s'agit de la recherche de solution à l'amiable et du recours auprès de l'ORD.

(a) La solution à l'amiable : les États parties procèdent à des consultations ; il est à ce titre loisible à tout État partie à un différend, de recourir volontairement à des approches de bons offices, de conciliation ou de médiation. Ces approches sont tenues confidentielles. Afin d'encourager le règlement à l'amiable, la ZLÉCAf invite les États parties à renforcer et améliorer l'efficacité des procédures de consultations utilisées. Toutes les initiatives doivent être notifiées au Secrétariat de la ZLÉCAf, par écrit. Lorsqu'un État partie plaignant saisit l'État avec lequel il a un différend, celui-ci est tenu de réagir, pour accepter que des consultations soient engagées. Dans un délai de 30 jours, l'engagement de ces consultations doit être effectif. À l'expiration de ce délai, si rien n'est fait, l'État partie ayant demandé l'ouverture des consultations peut saisir l'ORD. Les consultations doivent aboutir à un règlement satisfaisant du différend. L'intervention de l'ORD s'impose en cas d'échec des consultations. Alors, l'ORD procède à la création d'un Groupe spécial et d'un organe d'appel (OA). Il est possible à un État partie non-partie au différend, mais ayant un intérêt commercial dans l'affaire objet du différend, de participer sur sa demande aux consultations, dans un délai de 10 jours. Par ailleurs, si l'intérêt substantiel est avéré, une tierce partie peut être admise à participer aux consultations. L'État partie requérant informe l'ORD en cas de refus ; il est possible à cet État partie de demander des consultations.

(b) Le recours auprès de l'organe de règlement des différends (ORD) : lorsque les consultations n'ont pas permis d'obtenir une solution amiable au différend, les États parties concernés saisissent l'ORD de l'affaire. Celui-ci met en place un Groupe spécial de règlement de différend, appelé « Groupe spécial ».

(b1) L'établissement du Groupe spécial : dans un délai de 20 jours à compter de la date de son établissement, le Groupe spécial assume le mandat permettant (i) d'examiner à la lumière des dispositions de l'Accord portant création de la ZLÉCAf, l'affaire dont l'ORD est saisi par les parties plaignantes, et (ii) de faire des constatations propres devant permettre à l'ORD de formuler des recommandations ou de statuer sur l'objet du différend.

(b2) Les fonctions du Groupe spécial : le Groupe spécial a pour fonction essentielle d'aider l'ORD à s'acquitter de ses responsabilités en conformité avec l'Accord de création de la ZLÉCAf ; il doit assurer aussi les deux autres fonctions portant respectivement sur (i) la mise en œuvre, l'évaluation objective (faits, applicabilité des dispositions pertinentes de l'Accord), des observations et avis aux fins de recommandations et décisions au niveau de l'ORD, (ii) la consultation régulière des parties à un différend en vue d'élaborer une solution mutuellement satisfaisante.

(b3) La composition du Groupe spécial : dès l'entrée en vigueur de l'Accord de création de la ZLÉCAf, le Secrétariat établit et met à jour une liste indicative des personnes susceptibles d'être membres du Groupe spécial. À cette fin, le Secrétariat reçoit deux propositions de personnes par État partie , prenant soin de préciser leur domaine d'expertise conformément aux exigences de l'Accord : cette liste est adoptée par l'ORD ; les critères d'éligibilité de la personne à la liste sont au nombre de quatre : (a) avoir une expertise et une expérience en droit, en commerce international et autres questions couvertes par l'Accord ; (b) être choisie sur la base stricte d'objectivité, de fiabilité et de discernement ; (c) faire preuve d'impartialité, d'indépendance d'esprit et n'être rattachée à aucune partie au différend, ni recevoir d'instruction d'aucune de ces parties et (d) respecter le code de conduite adopté par le Conseil des ministres.

La sélection des membres du Groupe spécial doit assurer leur indépendance et leur intégrité ; ils doivent disposer d'une expertise avérée dans les questions liées au différend : il en résulte que des ressortissants des États parties à un différend ne font pas partie du groupe spécial chargé du règlement du différend pour lequel ils sont sollicités. Avant leur adoption finale, les listes sont soumises par le Secrétariat aux États parties au différend, pour approbation : le délai de réaction est de trente (30) jours à compter de la date d'établissement du Groupe spécial communiquée aux États parties aux différends. La taille du Groupe spécial varie entre trois (3) membres lorsque le différend implique deux (2) États parties, à cinq (5) membres en cas de plus de deux (2) États parties au différend. Les personnes membres des Groupes spéciaux siègent à titre personnel, et non en qualité de représentants d'un gouvernement ou d'une organisation quelconque. Ces membres ne reçoivent aucune instruction des États parties et ne sont nullement influencés par ceux-ci, lors de l'examen des questions dont ils sont saisis.

(b4) La procédure des Groupes spéciaux : (i) dans sa mise en œuvre, la procédure d'activation des Groupes spéciaux fait preuve de flexibilité suffisante pour assurer le règlement effectif et accéléré des différends ; (ii) une fois confirmés dans leur statut, les membres du Groupe sal disposent d'un délai de sept (7) jours pour, après consultation des parties à un différend, établir un calendrier des travaux de ceGroupe : ce calendrier est communiqué à tous les États parties ; (iii) le délai de transmission du rapport final du Groupe spécial à partir de la date d'établissement dudit Groupe aux États parties au différend, est fixé à cinq (5) mois au plus ; ce délai est ramené à quarante-cinq (45) jours dans des cas d'urgence, par exemple s'il s'agit de marchandises périssables. Il faut préciser que la rédaction du rapport du Groupe spécial est unique, elle se fait en l'absence des parties au différend. Il se fonde sur les informations et les preuves fournies par les parties et tout autre organisme, dans le respect strict du protocole y afférent.

L'intérêt de recourir à l'expansion des marchés[56], et donc à la mise en place à terme d'une zone de libre-échange, s'imposait déjà dès les premières décennies d'après les indépendances des États africains. Il ressort de cette étude réalisée avec la collaboration d'experts africains, des éléments pertinents, encore d'actualité aujourd'hui : (i) il est indispensable de développer l'industrie dans les pays africains afin de saisir toutes les occasions qu'offre le marché ; (ii) une croissance soutenue du secteur industriel est entre autres dépendante de l'expansion générale de la demande nationale de produits manufacturés localement ; (iii) en s'appuyant sur les actions conjuguées de l'offre et de la demande, il y a lieu de tirer parti des liaisons entre l'agriculture et l'industrie : il se crée en conséquence une croissance complémentaire entre les deux secteurs ; (iv) l'amélioration des revenus agricoles augmente la demande de biens de consommation et d'intrants agricoles dans les régions rurales, ce qui crée de nouveaux excédents susceptibles d'une transformation ; ainsi, les disponibilités des produits manufacturés appropriés et peu coûteux, vont encourager les agriculteurs à investir afin d'accroître leurs revenus et leur fournir en outre les moyens d'améliorer leur productivité ; (v) dans la plupart des pays africains, l'exiguïté du marché induit deux conséquences stratégiques : les petits producteurs peuvent jouer un rôle spécifique en vue de satisfaire la demande locale identifiée et créer une concurrence ; mais pour obtenir une croissance industrielle accélérée, il faudra accéder à d'autres marchés ; (vi) c'est à juste titre que des dirigeants africains ont donné priorité à l'expansion des marchés dans le cadre d'une intégration régionale. Mais il faut déplorer des progrès beaucoup trop lents dans la pratique, malgré de bonnes intentions : (vii) l'accès élargi aux marchés voisins est un pas important et salutaire, vers la conquête des marchés extra-africains ; (viii) la concurrence sur les marchés régionaux constitue un facteur d'efficacité, appui indispensable aux producteurs africains dans leurs efforts à affronter la concurrence mondiale. La création de la ZLÉCAf est une excellente initiative, qui arrive avec beaucoup de retard : pourvu qu'elle se mette rapidement en place, en prenant en compte tous les aspects requis pour le développement du continent africain dans sa globalité et individuellement.

---

[56] Banque internationale pour la reconstruction et le développement/Banque mondiale : L'Afrique subsaharienne De la crise à une croissance durable, 1989

9.3. Nécessité d'intégration de l'étude de création de la monnaie unique commune africaine dans la mise en œuvre de la Zone de libre-échange continentale africaine (ZLÉCAf)

Les développements présentés plus haut nous montrent à suffisance que la monnaie doit constituer l'élément – moteur de l'efficacité de la ZLÉCAf. Il devient alors indispensable que dès maintenant, les travaux de réflexion devant conduire à la création de la monnaie unique commune africaine soient accélérés par la Commission de l'Union africaine, avec l'implication du Secrétariat de la ZLÉCAf.

Le plein succès de la mise en œuvre de la Zone de libre-échange continentale africaine requiert que soit relevé le défi de l'intégration monétaire du continent. Ce défi vient s'ajouter en bonne place, aux cinq conditions qui entourent la double vision de la création d'un marché unique pour les biens et services en Afrique, à savoir : réduire les droits de douane et les barrières non tarifaires entre les pays africains ; stimuler le commerce intra-africain, gage de croissance économique, d'emploi et de réduction de la pauvreté. Ces cinq conditions se déclinent comme suit : (a) désenclaver et harmoniser ; (b) développer la solidarité, notamment entre le public et le privé ; (c) protéger les économies nationales, tout en évitant de tomber dans le travers du protectionnisme ; (d) encourager l'industrialisation et la transformation locale des matières premières, la libération pouvant tourner autour de 80% des activités économiques, avec un accent sur la diversification ; (e) améliorer la logistique et les infrastructures de transport. Tous ces éléments sont indispensables pour véritablement parvenir à la réalisation du slogan panafricaniste « L'Afrique doit s'unir », cher aux pères fondateurs de l'Organisation de l'unité africaine (OUA).

Chapitre 10

Les défis de la mise en œuvre de la Zone de libre-échange continentale africaine (ZLÉCAf)

Les dirigeants africains ont dès les indépendances pris conscience de la nécessité de renforcer les liens entre les différentes régions du continent. En dehors du sentiment compréhensible d'appartenance au même ensemble géographique, des arguments cruciaux incitatifs s'imposent : (a) contourner l'obstacle des petites tailles des économies africaines face à la réalisation des économies d'échelle ; (b) réaliser des spécialisations en l'absence d'échanges commerciaux ; (c) résoudre le problème de l'incapacité des entreprises trop jeunes et inexpérimentées d'affronter sans protection, la concurrence d'exportateurs des autres continents, pour la plupart mieux introduits sur les marchés mondiaux. L'avènement de la zone de libre-échange continentale africaine vient chercher à sortir définitivement l'Afrique de ses décennies d'échec sur le chemin d'une intégration économique gage d'une intégration dynamique des marchés. Le succès du groupement économique du continent requiert des éléments pertinents d'action de progrès palpables : (a) la réduction des barrières non douanières ; (b) une monnaie unique commune convertible : (c) un bon mécanisme de compensation ; (d) la mobilité de la main-d'œuvre.

À ces éléments pertinents doivent venir se greffer d'autres mesures incitatives à prendre pour atteindre un niveau avancé d'intégration continentale. Ces mesures doivent être suffisamment audacieuses pour créer un environnement propice : (a) l'harmonisation des politiques macroéconomiques, notamment la politique de change ; ces politiques devraient relever d'un processus programmé de libéralisation des échanges, en vue de favoriser la préférence des produits africains aux produits importés sur le continent ; tous ces éléments et toutes ces mesures vont permettre à l'intégration de répondre avec promptitude et responsabilité aux signaux du marché ; (b) la conception et l'implémentation d'une stratégie pragmatique et progressive permettant, chaque fois que l'occasion se présente, à deux ou plusieurs pays d'avancer ; ce pourrait être le cas pour deux pays aux monnaies non convertibles, prenant la décision de laisser leurs paiements se rééquilibrer au travers des opérations d'open market des institutions financières commerciales. Il est à relever que cette approche est compatible avec le principe d'une intégration graduelle préconisée par le Plan de Lagos[57] ; (c) l'élimination des obstacles auxquels se heurtent les mouvements des capitaux, ainsi que la circulation de la main-d'œuvre et des biens. Cette mesure devrait se traduire par (i) la simplification des modalités administratives ; (ii) l'adoption des normes nationales uniformes et (iii) l'amélioration des moyens et systèmes de communications facteurs de progrès ; (d) l'activation et le renforcement des institutions appropriées, notamment les chambres de commerce, afin de permettre au secteur privé de diffuser plus aisément et sans restriction, des informations relatives au marché.

De manière plus globale, il devient fondamental pour le continent de résoudre définitivement les problèmes de coordination et de financement, que provoque la prolifération d'institutions régionales créées de façon plus ou moins spontanée, voire anarchiques à certains égards. Ces institutions, en se chevauchant les unes aux autres, ne favorisent pas la nécessaire implémentation de la vision d'intégration économique du continent africain. La rationalisation de ces institutions est un objectif prioritaire aux fins de faciliter effectivement l'intégration économique et renforcer la coopération dans divers domaines, notamment l'éducation et la recherche, afin de concrétiser dans la perspective de la création des centres d'excellence dans le domaine des technologies diversifiées.

Dans son ensemble, l'Afrique indépendante affichait avec détermination de grands espoirs de développement rapide, impulsé par une augmentation des revenus, une infrastructure et des services sociaux de base, devant se traduire concrètement par une amélioration substantielle du bien-être des populations. Des efforts compatibles avec le niveau de fragilité compréhensible des États-nations ont été faits. En termes de résultats, quelques points saillants encourageants se sont manifestés dans la première décennie, confirmant le fruit des efforts importants. Mais très rapidement, les difficultés économiques ont eu

[57] Plan s'inspirant du travail d'économistes et d'experts africains, avec pour objectif affiché « l'autosuffisance nationale et collective dans le domaine économique et social en vue de l'instauration d'un nouvel ordre économique international », adopté par l'Organisation de l'Unité africaine (OUA) en avril 1980 à Lagos (Nigeria) : d'où un vaste programme détaillé de mesures pour la période 1980-2000, visant à ne pas compter sur la charité des pays du Nord pour construire un modèle productif (cf. « Le Monde diplomatique » du 1er juin 2015).

raison de l'enthousiasme de départ, ce qui a conduit à un déclin constituant un véritable frein aux attentes : diminution des revenus par habitant, aggravation de la faim et dégradation de l'environnement. Sur le plan social, les progrès engrangés se sont progressivement « évaporés comme peau de chagrin », mettant ainsi fin à une période initiale prometteuse de croissance.

Face à une situation qui se dégrade, un grand nombre de pays africains ont initié avec l'appui des partenaires au développement, d'importantes réformes, notamment au travers des programmes d'ajustement structurel. Au niveau continental,, des réflexions ont été menées pour permette à l'Afrique de (a) prendre davantage conscience de la nécessité d'une orientation des efforts en vue de trouver réponses à des questions liées aux facteurs externes, à la dimension institutionnelle, à des problèmes structurels spécifiques ; (b) renforcer la concertation aux fins d'actions communes ; et (c) élaborer le « Cadre africain de référence pour les programmes d'ajustement structurel (CARPAS) », qui fait suite au Plan d'action de Lagos (1980), la Déclaration d'Abuja (1988). Le CARPAS est un rapport rendu public par la Commission économique des Nations Unies en 1989. Quelques années plus tard, l'Organisation de l'unité africaine créée en 1963 va se transformer en Union africaine (UA), après la création de l'Union européenne (UE).

Tous ces nombreux efforts de réflexion, d'appui et de concertation se sont intensifiés entre pays africains eux-mêmes, entre eux pris individuellement ou collectivement et les institutions internationales bilatérales (US-AID, ACDI, AfD…) et multilatérales (FMI, Banque mondiale, Banque africaine de développement). Aujourd'hui, force est de constater que malgré des lueurs somme toute sporadiques, la situation se détériore, sous l'effet conjugué de mauvaise gouvernance, de démocratie balbutiante, de corruption généralisée et de dépravations de toutes sortes, auxquelles viennent se greffer, de nos jours, des épidémies (Ébola) et autres pandémies (Coronavirus – COVID-19).

Pour reprendre la main, il devient impératif pour ce continent si riche pourtant, de revisiter en les rendant plus consistantes et vigoureuses, les stratégies de ses approches de développement en donnant priorité absolue à l'intérêt général. Il est évident que si rien n'est fait pour donner à l'Afrique un socle de développement solide, la zone de libre-échange continentale africaine sera pendant longtemps un gadget qui ne profitera qu'aux entreprises multinationales, soit installées sur le continent, soit au travers de leurs relais au gré bien souvent des « joint-ventures » biaisées. Des études, notamment celle de la Banque mondiale[58], ont établi que « la plupart du temps, l'Afrique n'est tout simplement pas compétitive dans un monde de plus en plus ouvert à la concurrence ». Dans ses approches de développement, l'Afrique doit concevoir et mettre en œuvre des stratégies de croissance soutenable et équitable. Plus concrètement, l'impulsion sera donnée au travers des actions au niveau des domaines-pivots que sont l'environnement, les institutions, les ressources humaines, la production agricole, l'industrialisation, l'esprit d'entreprise, l'exploitation des ressources minières, la croissance, le resserrement des liens entre les États africains, le financement du développement, et l'aide au développement.

10.1. Fournir au niveau des États africains un environnement propice à l'efficacité

Des incitations sont nécessaires pour l'ensemble de l'économie au niveau de chaque pays, plus particulièrement en direction des agriculteurs et des entrepreneurs. Elles se traduisent par : (i) un encouragement de l'efficacité au niveau de la production et de l'infrastructure matérielle ; (ii) le maintien des taux de change à des niveaux compétitifs ; (iii) des dispositions permettant d'améliorer la qualité de la protection de l'industrie manufacturière et la pratique des prix incitatifs des produits agricoles ; (iv) des taux d'intérêt réels compatibles avec le pouvoir d'achat des agents économiques, ainsi que des salaires réels correspondant à la performance en termes de productivité, assortis de mesures d'amélioration de celle-ci ; (v) l'intégration du recouvrement du coût dans la détermination des prix des services publics ; (vi) la discipline en matière d'inflation, et des politiques budgétaire et monétaire.

S'agissant plus spécifiquement de la politique du taux de change, il convient de relever que : (a) si les taux de change sont surévalués, ils vont avoir pour effet entre autres, d'encourager la consommation des produits importés et par ricochet, de pénaliser les

---

58 L'Afrique subsaharienne, De la crise à une croissance durable, Étude de prospective à long terme, Banque internationale pour la reconstruction et le développement/Banque mondiale, 1989.

producteurs locaux ; (b) un taux de change compétitif est essentiel pour favoriser la production et l'emploi dans le pays ; (c) il est important, vis-à-vis de l'extérieur, de favoriser des niveaux des prix agricoles suffisamment rémunérateurs et de maintenir dans le secteur industriel un niveau compétitif des coûts salariaux.

Au total, une profonde discipline financière doit être implémentée dans l'ensemble de l'économie, afin d'éviter quelque caractère artificiel du niveau des salaires. À cette fin, des actions bien ciblées méritent d'être menées, notamment : (a) la remise en l'état de l'infrastructure existante, avant tout nouvel investissement dans de nouveaux projets d'infrastructure, saisissant ainsi l'occasion idoine pour faire appel aux petits entrepreneurs locaux et de revoir les tarifs des services publics en tenant compte du recouvrement des coûts ; (b) la rationalisation de la gestion des organismes parapublics ; (c) la dynamisation d'un cadre de dialogue et d'échanges d'informations entre l'État et le secteur privé.

10.2. Renforcer les institutions

Le rôle de l'État[59] mérite d'être bien défini, bien compris par tous et implémenté avec efficacité. L'Afrique a un besoin crucial, qui n'est pas celui de « moins d'État », mais de « gouvernement plus efficace » : au lieu de chercher à toujours intervenir directement, l'État doit en priorité jouer le rôle de « facilitateur vigilant », afin de permettre davantage aux autres acteurs d'être plus productifs. Le renforcement indispensable des institutions est une mission de long terme, une véritable construction devant résulter d'un « brainstorming inclusif » permettant à toutes les composantes de la société nationale de contribuer : il requiert par ailleurs une vision claire et un processus assorti d'un agenda précis. À titre d'exemple, l'État a besoin d'une fonction publique moins pléthorique, mais mieux disciplinée, mieux qualifiée et plus motivée. En conséquence, il importe de mettre en place une stratégie de traitements compétitifs en faveur des personnels hautement qualifiés. Au niveau des moyens d'action, il urge de procéder au renforcement de la capacité d'analyse et de gestion économique par les différents gouvernements.

---

[59]The Economist, OCTOBER 7TH-13TH 1995 : The myth of the powerless state

Du côté des entreprises publiques, il est nécessaire de donner un mandat précis d'action, assorti d'une autonomie de gestion et d'un ensemble d'indicateurs de performance à observer dans le cadre des contrôles auxquels doivent être soumises toutes les entités publiques. Pour une synergie en quête d'efficacité globale, les administrations doivent être dotées dans les délais, des ressources et d'autonomie suffisantes, afin de jouer pleinement leur rôle. Au titre de la nécessaire décentralisation des pouvoirs publics, la gestion des communes doit être renforcée.

Face aux nombreux défis auxquels elle se trouve confrontée, l'Afrique se doit de développer un renouveau politique comportant entre autres une lutte acharnée contre la corruption et l'élargissement des possibilités pour les femmes et les plus pauvres de participer plus efficacement à la gestion des pays africains : liberté de la presse, débat public, action des organisations non gouvernementales (ONG), renforcement des organisations de base, notamment les associations dans le secteur agricole, les coopératives et groupes féminins.

10.3. Investir dans le capital humain

Aux indépendances des États africains, l'éducation et la santé ont bénéficié des priorités dans leurs stratégies de développement : ces priorités doivent être renforcées et afficher davantage d'efficacité dans la mise en œuvre des programmes d'action.

Les principaux obstacles auxquels l'Afrique reste confrontée sont de deux ordres, l'explosion et l'aggravation des niveaux de priorités requis par l'éducation et la santé. Il devient donc absolument crucial pour les États africains de moduler les priorités, sans sacrifier la qualité : amélioration de la formation dans le domaine des sciences et de la technologie, instauration d'une approche participative impliquant notamment la conception et la gestion des programmes prenant en compte la nécessité de l'adéquation formation-emplois. Il va sans dire que la jeunesse , qui est l'avenir, doit occuper une place de choix dans la conception et la mise en œuvre des programmes et stratégies de développement ; un accent particulier doit être mis sur la lutte contre l'émigration clandestine des jeunes et la « fuite des cerveaux ».

Six principaux axes d'action méritent d'être développés par les États africains.

Axe1. Le ralentissement de la croissance démographique

La prise en compte de la politique démographique dans une stratégie de valorisation des ressources humaines est primordiale. La croissance démographique est rapide, notamment en Afrique au sud du Sahara : de 500 millions d'habitants en 1990, la population de l'Afrique dépasse un milliard d'habitants en 2010. L'Afrique doit agir pour renforcer sa capacité de (a) nourrir les enfants, (b) éduquer les enfants et (c) assurer un emploi à une population active de plus en plus nombreuse. Pour arrêter une dégradation inquiétante du niveau de vie, il faut y opposer une progression accélérée de la croissance économique et de l'expansion des services sociaux.

Au total, les réalités africaines aujourd'hui battent en brèche la théorie ancestrale selon laquelle « il n'y a de richesse que d'hommes » : alors que dans la famille traditionnelle un chef de famille pouvait envoyer ses enfants cultiver la terre sans besoin de recourir à une main-d'œuvre extérieure, cette approche est de plus en plus dépassée. Les enfants deviennent de moins en moins enclins à le faire, captés pour la plupart par une vie de facilité. Des familles entières quittent leurs villages ruraux, laissant les terres derrière elles, pour se retrouver en ville avec un « troupeau » d'enfants sans domicile préalable. Alors père, mère et enfants vont « squatter » dans des chantiers en construction en arrêt de travaux ; ils s'y installent et d'autres enfants naissent. Tous ces enfants sans encadrement approprié deviennent pour la plupart enfants de la rue, larcins « pickpocket », certains d'entre eux se transformant par contagion en « coupeurs de routes » et autres bandits de grand chemin. Les filles se lancent aisément dans la prostitution pour chercher à joindre les deux bouts ; à leur tour, elles font d'autres enfants et voilà la grande famille installée en ville, ayant tourné le dos à la vie du village. Dans ces conditions, la croissance démographique n'intègre en rien le dividende démographique[60] . La question se pose avec acuité de savoir quelle solution idoine trouver à l'épineux problème de croissance démographique rapide ? Des études, notamment celle de la Banque mondiale citée plus haut, conseillent à l'instar de bien d'autres structures de recherches, le planning familial, qui doit être considéré comme une sorte de boussole pour chaque

[60] On entend par dividende démographique la croissance économique qui résulte de l'évolution de la pyramide des âges de la population d'un pays : les nouveaux actifs que constituent les jeunes qualifiés issus du système d'éducation et de formation, prenant avec efficacité la place des retraités hommes et femmes.

famille africaine. La Banque mondiale estime que « En Afrique plus qu'ailleurs, on continue de préférer un grand nombre, même quand la mortalité baisse ». Il ressort de l'étude de la Banque réalisée en 1989, quelques statistiques : (i) dans les années 1980, le taux de croissance démographique affiche un niveau élevé de 3,5% par an ; (ii) pour atteindre une moyenne de 2,75% par an en 1990-2020, il faut que l'indice synthétique de fécondité tombe de 6,7 à 3,4 enfants par femme.

Axe 2. La priorité aux soins de santé

Au lieu d'une médecine curative coûteuse pratiquée dans des hôpitaux modernes, priorité doit être accordée à des interventions préventives communautaires. Dans cette approche, il faut entre autres (a) organiser des campagnes de vaccination de masse et (b) approvisionner en médicaments peu coûteux, dispensaires et autres postes de santé, en leur assurant des livraisons régulières, à la hauteur des besoins.

L'accès à l'eau potable par les populations doit être renforcé, afin de permettre notamment aux couches les plus défavorisées économiquement d'en profiter et surtout de s'impliquer dans le processus de gestion rationnelle de l'eau. L'approche participative permettra aux communautés de participer effectivement à la conception, la construction et l'installation des réseaux d'alimentation en eau. Ces communautés doivent par ailleurs assurer l'entretien des points d'eau : les projets d'adduction d'eau deviendront ainsi plus efficaces, plus rentables et plus durables. **Il faut mettre en place avec la participation de tous les acteurs, un mécanisme de recouvrement d'une grande partie des coûts, en percevant des redevances d'utilisation, tout ceci dans le cadre d'un système transparent de gestion participative .**

Axe 3. La lutte contre la faim

Alors qu'elles étaient exceptionnelles en 1960, les pénuries alimentaires sont devenues récurrentes depuis les années 1990. En 1989, selon l'étude de la Banque mondiale citée plus haut, 25% de la population de l'Afrique au sud du Sahara (population estimée à plus de 100 millions d'habitants), fait face à une insécurité alimentaire chronique. Il se pose donc pour les États africains, à des degrés divers, des problèmes d'approvisionnement et de disponibilité des produits alimentaires.

De toute évidence, la solution réside dans l'accroissement de la production alimentaire. Cette croissance doit dans tous les cas être supérieure à celle de la population : le taux de croissance de la production alimentaire est projeté à 4% par an, à condition que soit libéralisé le commerce des denrées alimentaires au sein de l'Afrique. Pour nourrir convenablement la population, celle-ci devrait enregistrer en moyenne un taux d'accroissement de 2,75% par an. Par ailleurs, l'amélioration du pouvoir d'achat des populations doit faire l'objet d'une attention particulière. Comme implications, (i) l'élévation du niveau de l'emploi pour réduire progressivement le nombre de ménages à faible revenu n'ayant pas les moyens financiers autorisant un régime alimentaire adéquat, (ii) les sécheresses périodiques source de famine dans un noyau résiduel particulièrement démuni, doivent être maîtrisées. Tout doit être fait pour combattre la malnutrition.

Axe 4. Une population mieux instruite

Bien que la qualité de l'enseignement et le taux de scolarisation aient fortement augmenté entre 1960 et 1990, il faut continuer à mettre l'accent sur la qualité, en actionnant sur les leviers relatifs à la disponibilité et la pertinence des manuels et autres matériels didactiques : développer les moyens de fabrication à un coût abordable des matériels pédagogiques adaptés aux besoins locaux. Par rapport au phénomène genre, il faut accroître la scolarisation des filles, qui sont comme nous le savons tous, des actrices futures indispensables dans la consolidation du bien-être familial, en puisant dans l'éducation qu'elles auront reçue. Un accent particulier doit être mis sur l'enseignement de base. Par ailleurs, des changements indispensables sont attendus dans l'enseignement postsecondaire, pour doter la population active africaine des compétences nécessaires face à la nouvelle donne technologique : orientation des études vers les sciences et l'ingénierie, la comptabilité et autres domaines techniques, recherche et mise en œuvre d'un équilibre entre les coûts salariaux et non salariaux, meilleure adaptation de la formation professionnelle aux besoins des employeurs, d'où nécessité d'associer ceux-ci à l'élaboration des programmes de formation ; mise en place d'un cadre de concertation et d'échanges entre les entreprises et les établissements de formation.

Axe 5. Des programmes sociaux mieux gérés

Pour permettre aux services sociaux de base de mieux répondre aux attentes des utilisateurs, il faut confier la gestion des programmes y afférents à des organismes locaux. Il en découle un certain nombre d'avantages, dont principalement (i) la disponibilité de ces organismes à supporter volontiers une partie des coûts ; (ii) un soutien technique plus rapproché du programme central en termes de formation et de visites de terrain ; (iii) la possibilité pour une ONG locale d'afficher une rentabilité avérée au travers du rôle précieux d'intermédiaire entre organismes centraux et groupements communautaires.

Le rôle des femmes et des groupements établis est déterminant du fait de leur contribution à la bonne gestion des programmes : les femmes sont en général les mieux qualifiées pour la gestion du foyer, nourrir la famille, s'occuper de l'approvisionnement en eau, de l'éducation, des soins de santé et des services de planning familial ; elles sont également dynamiques dans la production alimentaire et le commerce. La contribution des femmes doit être intégrée dans la mise en œuvre des programmes de valorisation des ressources humaines.

Axe 6. La mobilisation d'un financement soutenu

À titre d'illustration, les dépenses publiques affectées à la valorisation des ressources humaines ont doublé entre 1960 (4,5% du budget annuel) et 1990 (8,10%). La mobilisation des fonds destinés au financement des différents programmes de développement des pays se fait essentiellement au niveau du recouvrement des coûts, notamment par perception de redevances pour l'enseignement post-primaire, et au titre de l'apport des bailleurs de fonds.

10.4. Mesures d'accroissement de la production agricole

L'agriculture reste le principal moteur de la croissance : en 1990, le secteur agricole [61] représente 35% du produit intérieur brut (PIB), 66% des emplois et 40% des exportations du continent africain. Il existe des liens étroits entre la croissance de l'agriculture et la croissance de l'industrie. En effet, (a) les agriculteurs ont besoin du marché urbain et (b) les producteurs urbains écoulent une part substantielle de leurs ventes auprès de la population rurale. Le taux de croissance annuelle de la production agricole, estimé à 2% depuis 1960 jusqu'en 1990, devrait atteindre au moins 4% pour assurer la sécurité

[61] Banque mondiale : « L'Afrique subsaharienne, De la crise à une croissance durable, Étude de prospective à long terme », 1989.

alimentaire du continent et améliorer le niveau des revenus. Pour atteindre ces objectifs, il faut réaliser un gain de productivité de la main-d'œuvre d'environ 1,5%. En prenant en compte le fait qu'une augmentation de la superficie cultivée ne peut pas aller au-delà de 1% sans effets négatifs sur l'environnement, la marge de manœuvre s'avère étroite. C'est donc sur la productivité qu'il faut s'appuyer : celle-ci devrait augmenter d'environ 3% par an. Au niveau international, les marchés étrangers dont dépend l'agriculture africaine sont très compétitifs à long terme. Le continent peut espérer dans le futur une hausse des cours mondiaux.

L'Afrique peut tirer son épingle du jeu en (a) diversifiant sa production agricole, (b) s'orientant vers des marchés spécialisés, notamment des légumes, fleurs et autres fruits hors saison et, (c) consolidant l'intégration régionale qui devrait booster le commerce intra-africain des produits agricoles et plus particulièrement des denrées alimentaires. Pour stimuler la croissance du secteur agricole, l'Afrique doit prendre des mesures politiques créant un environnement propice et tirer avantage des technologies de l'information et de la communication (TIC). Il faut également renforcer les capacités et sauvegarder les ressources naturelles.

Quatre mesures essentielles peuvent être prises et implémentées

M1. L'attractivité de l'environnement agricole

Pour rendre le secteur agricole viable et dynamique, il est nécessaire de prendre des mesures dont les plus en vue consistent à : (a) laisser fluctuer librement les prix agricoles en fonction de l'évolution du marché ; (b) faciliter la contribution du secteur privé : fourniture des intrants, commercialisation, transformation et exportation des produits agricoles ; (c) alléger les contrôles administratifs ; (d) encourager les crédits à des taux d'intérêt commercialement attrayants (sensibilisation des établissements financiers privés d'origine locale, coopératives et mutuelles de crédit) ; (e) réformer progressivement le régime foncier pour rendre transparent et efficace en termes de rapidité, de coût et d'objectivité le système d'enregistrement des titres de propriété : il faut parvenir à une codification du droit foncier coutumier ; (f) améliorer les routes et autres pistes rurales en mettant à contribution les petits entrepreneurs locaux et les collectivités locales décentralisées.

M2. L'exploitation des technologies

En tirant profit du développement des TIC, une attention plus appuyée devrait être portée sur la recherche agronomique. Cet exercice devrait se traduire par (a) la réforme et la réorientation des institutions nationales de recherche ; (b) l'accroissement du rôle des centres internationaux de recherche et (c) la mise en place de réseaux plurinationaux en vue de coordonner les recherches.

M3. Le renforcement des capacités

Il faut accroître le rendement de la recherche en assurant une meilleure formation des chercheurs, des agriculteurs et autres agents de vulgarisation agricole. Les apports des institutions rurales (associations d'agriculteurs, coopératives et groupements féminins) doivent être renforcés et intégrés dans l'exécution des programmes de développement du secteur agricole.

M4. La protection de l'environnement agricole

Trois phénomènes méritent des mesures appropriées pour éviter des surprises désagréables au développement du secteur agricole. Il s'agit pour ces mesures de combattre l'érosion des sols, le déboisement et la désertification. En ce qui concerne plus particulièrement le déboisement, il a été constaté que malgré des efforts encourageants, il y a trois fois plus de coupe d'arbres qu'on n'en replante.

Au total, la contribution efficace de la croissance du secteur agricole au développement de l'Afrique passe par une action concertée en vue d'atteindre et dépasser les objectifs projetés.

10.5. Dynamiser l'industrialisation de l'Afrique

Depuis les indépendances, les pays d'Afrique ont connu des avancées sur le plan de l'industrialisation : (a) la population active a acquis des compétences techniques et une expérience industrielle au niveau des ouvriers, des administrateurs et des chefs d'entreprise ; (b) les activités économiques locales sont variées à divers niveaux : (i) des artisans indépendants travaillent le métal, fabriquent des fourneaux avec de la ferraille au Kenya notamment ; (ii) une entreprise au Ghana utilise les déchets de canne à sucre pour fabriquer du papier ; (iii) des pays africains exportent des matières premières transformées et des produits manufacturés (vêtements de Madagascar, électronique de l'Ile Maurice, radiateurs d'automobile de Tanzanie).

Partant de ces constats, le Plan d'action de Lagos adopté par les dirigeants africains en 1980 recommande la mise en œuvre d'un processus renforcé de transformation industrielle. Ce Plan a donné lieu en 1981 à la préparation d'une deuxième Décennie de développement industriel de l'Afrique, formulée par la Commission économique pour l'Afrique (CEA) et l'Organisation des Nations Unies pour le développement industriel (ONUDI).

Ces réflexions ont impliqué la réévaluation systématique des politiques et stratégies industrielles. Ce diagnostic permet de relever : (a) la détérioration de la situation qui a empêché la mise en œuvre de projets ambitieux au titre des investissements industriels ; (b) l'inefficacité évidente des efforts antérieurs d'industrialisation : ceux-ci visaient surtout à créer une capacité industrielle sous contrôle de l'État, sans tenir suffisamment compte des coûts ou des débouchés. D'où **une industrialisation peu efficace fortement subventionnée par les consommateurs et les contribuables**.

Depuis quelques années, des efforts sont engagés pour (a) restructurer la capacité constatée, notamment par la revente de grosses entreprises publiques non viables et (b) supplanter les contrôles directs par des lois de marché. Malgré toutes ces mesures, la production industrielle a poursuivi sa pente baissière.

Il ressort de la description qui précède, que **l'Afrique, pour son développement est en quête d'un environnement propice, assorti de mesures incitatives, d'une demande et d'une capacité individuelle, afin de susciter au sein du secteur industriel, une réaction positive aux réformes.**

10.5.1. Un environnement industriel propice

Face à des coûts d'exploitation élevés, les pays africains doivent, pour devenir compétitifs : (a) recourir à des politiques de changes ; (b) entreprendre des investissements d'infrastructure ; (c) trouver des partenaires internationaux ; et (d) offrir des incitations aux fins d'amélioration de la productivité.

Les gouvernements africains doivent procéder à une double réduction ; d'une part des coûts de fonctionnement direct (en investissant dans l'agriculture) et d'autre part des frais administratifs et des risques financiers des investissements privés.

En conséquence, au lieu de seulement contrôler les investissements, il faut plutôt les faciliter ; de même il faut encourager la concurrence au niveau des entreprises existantes, et non les protéger. Ce qui revient à récompenser l'efficacité et l'innovation. Sauf raison impérative, les règlements et contrôles doivent disparaître pour laisser libre cours à des facteurs incitatifs en faveur de la productivité.

Le diagnostic du secteur industriel montre que (a) les entreprises publiques ont renforcé la capacité industrielle de nombreux pays d'Afrique, mais (b) elles affichent une gestion non performante, sous le poids des ingérences politiques et d'un financement insuffisant. Le secteur privé quant à lui (a) détient la clé de la future révolution industrielle du continent ; (b) mais les entrepreneurs privés ont souvent réussi à trouver de meilleurs débouchés en dehors de l'industrie, en profitant notamment des rentes imputables aux mesures de contrôle.

Pour attirer les investisseurs, il faut d'une part instaurer et stimuler un environnement économique et politique stable ; et d'autre part, soutenir de manière décisive par des paroles et surtout des actes gouvernementaux concrets, les investisseurs privés : entre autres mesures concrètes, il est important d'instaurer un régime judiciaire qui fonctionne bien et digne de confiance, en termes de protection de la propriété et des assurances quant au respect des contrats.

10.5.2. L'expansion des marchés

Pour se développer, l'industrie africaine doit saisir toutes les opportunités qu'offre le marché. En effet, une croissance industrielle soutenue est fonction de l'expansion générale de la demande nationale de produits manufacturés localement. Il convient donc de chercher à tirer parti des relations bijectives entre l'agriculture et l'industrie en termes d'offre et de demande, et susciter entre les deux secteurs une **croissance complémentaire** : une amélioration des revenus agricoles fait croître la demande de biens de consommation et d'intrants agricoles dans les régions reculées ; il en résulte de nouveaux excédents susceptibles d'être transformés ; de l'autre côté, la disponibilité de produits manufacturés appropriés et peu coûteux encourage les agriculteurs à investir afin d'accroître leurs revenus et leur fournit en outre les moyens d'accroître leur productivité.

L'étroitesse du marché dans la plupart des pays africains présente deux conséquences stratégiques : (a) les petits producteurs peuvent jouer un rôle déterminant pour satisfaire la demande localisée et créer une concurrence ; (b) mais pour obtenir une croissance industrielle rapide, il faudra accéder à d'autres marchés. D'où l'importance de l'intégration régionale, qui constitue une manifestation concrète de la priorité à l'expansion des marchés exprimée à juste titre par les dirigeants africains. La traduction davantage concrète de cette vision des pairs africains est certainement la création de la zone de libre-échange continentale africaine (ZLÉCAf), dont l'accord a été signé à Kigali (Rwanda) le 21 mars 2018.

L'accès élargi aux marchés voisins préfigure la conquête de marchés intra-africains. La concurrence sur les marchés régionaux sera un facteur d'efficacité, ce qui aidera les producteurs africains à affronter la concurrence mondiale.

10.5.3. Le renforcement de la capacité industrielle

Malgré les potentialités naturelles susceptibles de créer un effet d'entraînement sur le développement industriel du continent, l'Afrique reste encore à la traîne. Jusqu'en 1990, l'industrialisation en Afrique n'a pas déclenché un développement technologique local suffisant, capable d'inverser l'apport au titre de l'aide extérieure. Elle n'a pas non plus œuvré aux fins de gains substantiels de productivité des ressources humaines par acquisition et renforcement des compétences.

L'industrie africaine peine à passer du stade de l'enfance à celui de la maturité efficace. Pour y parvenir, elle doit : (a) asseoir une stratégie assortie d'un plan vigoureux destiné à consolider l'acquisition des compétences des personnels employés (techniciens, cadres administratifs et entrepreneurs) ; (b) centrer les incitations sur la formation dans l'entreprise et sur l'adaptation de la technologie aux conditions locales ; (c) initier et réaliser des stages de perfectionnement par les associations industrielles ; (d) renforcer l'enseignement post primaire en vue d'inculquer à la population active des connaissances techniques et commerciales.

Au total, pour déclencher et pérenniser véritablement le développement du secteur industriel en Afrique, il faut travailler avec acharnement de manière à capitaliser les leçons des expériences du chemin parcouru jusque-là et des mutations

mondiales : (a) revisiter les techniques de fabrication ; (b) consolider le partenariat avec des investisseurs étrangers, source des connaissances et des capitaux ; (c) encourager et accompagner le transfert des compétences en facilitant la mise en œuvre des liaisons internationales (par la sous-traitance notamment) et promouvoir des bureaux d'études locaux.

10.6. Encourager l'esprit d'entreprise en Afrique

Pour promouvoir l'esprit d'entreprise en Afrique, les dirigeants africains sont appelés à maintenir la dynamique qui les a conduits à la création de la ZLÉCAf, afin d'agir selon plusieurs axes :

10.6.1. Le renforcement de la capacité managériale des chefs d'entreprise africains

Les méthodes de gestion des entreprises sont différentes selon qu'on a affaire au secteur non structuré ou structuré. Le défi fondamental à relever par les chefs d'entreprise africains consiste à assurer un emploi à une population active en forte croissance. La taille de cette population a pratiquement triplé par rapport à son niveau de 1990, en atteignant selon les estimations de la Banque mondiale 600 millions de travailleurs en 2020.

Les petites et micro-entreprises du secteur non structuré fournissent en 1990 plus de la moitié des emplois urbains et assurent 1/5 du PIB dans un grand nombre de pays africains. Ce secteur, qui est essentiellement constitué des petites entreprises en activité dans l'agriculture, l'industrie, le commerce, les transports, la finance et les services sociaux, échappe à toute réglementation et ne fait pas l'objet de statistique régulière exploitable. Mais depuis quelques années, Afristat[62]s'efforce dans le cadre de l'amélioration de la statistique en Afrique, de mettre en place un mécanisme de meilleure connaissance du secteur informel, par le biais des enquêtes, séminaires et autres ateliers scientifiques. Le secteur non structuré (ou informel) n'est pas compétent dans l'utilisation des techniques traditionnelles, mais il procède à des innovations et des adaptations, sous l'influence du marché. Il opère dans un environnement commercial compétitif non régi de manière transparente par une réglementation prenant en compte les ressources disponibles et la demande locales. Les entreprises du

[62] Afristat : Observatoire économique et statistique d'Afrique subsaharienne, basé à Bamako (Mali)

secteur non structuré sont soutenues par un système d'institutions de base, comportant un apprentissage sur le tas aux fins de formation professionnelle, et de petites associations capables de jouer un rôle d'appui aux requérants, améliorant par ce faire l'accès au crédit et à d'autres ressources possibles.

10.6.2. L'aide des gouvernements africains aux entreprises

Face à un environnement commercial restrictif et à l'insuffisance des liaisons avec les marchés organisés, les petites et micro-entreprises sont empêchées de jouer le rôle de pépinière des chefs d'entreprise et de créer un maximum d'emplois.

Les gouvernements africains disposent d'un certain nombre de possibilités pour booster le développement des entreprises :

(a) créer un cadre plus propice aux affaires : consultations régulières avec des associations du secteur privé ; ces contacts vont susciter et entretenir un climat de confiance accrue dans la stabilité des réformes ; régulariser le statut juridique des entreprises du secteur informel ; supprimer les règlements trop contraignants et éliminer les impôts qui étouffent l'initiative ; protéger les droits de propriété et les droits contractuels ; veiller à instaurer une justice transparente garantissant un règlement équitable des litiges ;

(b) faciliter l'accès au crédit : autoriser les banques à pratiquer des taux d'intérêt établis en fonction du marché et correspondant aux coûts des opérations de prêt à petite échelle, pour les plus petites entreprises ; des groupes informels peuvent fournir des garanties réciproques permettant de mobiliser les ressources et exercer des pressions sociales pour assurer le recouvrement (remboursement) des prêts ;

(c) encourager les services autonomes : meilleur apport d'un organisme d'État, des associations commerciales et professionnelles, des ONG et des organisations de base dans les services de vulgarisation et une assistance technique. À cet effet, il pourrait s'ajouter des politiques destinées à favoriser la sous-traitance et encourager les bureaux d'études locaux, pouvant faciliter l'accès à la technologie et aux intrants ;

(d) stimuler les marchés locaux : organiser des appels d'offres compétitifs pour sélectionner de petites entreprises locales et les charger d'acheter des produits locaux pour le compte de l'État, et d'assurer des services publics (enlèvement des ordures et autres déchets, transports, réparations des véhicules et entretien routier). Une aide appréciable aux entreprises à réagir plus spontanément aux sollicitations du marché peut provenir de l'amélioration des liaisons au niveau de l'infrastructure et des programmes.

10.7. La mise en exploitation des richesses minières et pétrolières de l'Afrique

Bien qu'elle n'en exploite qu'une fraction, l'Afrique tire des ressources considérables de ses richesses en minéraux et pétrole. Mais cette « manne » ne comporte pas que des aspects positifs : elle a bien souvent constitué un obstacle au développement, du fait de sa mauvaise utilisation et de la mauvaise gouvernance qui en résulte. Des emprunts colossaux ont été contractés avec pour garanties des rentrées futures d'argent, au titre des ventes à terme des produits pétroliers et miniers. Cette approche de financement du développement a plus d'une fois donné libre cours à un endettement excessif assorti des « éléphants blancs » aux coûts exorbitants.

Beaucoup de pays africains dotés de richesses minières et pétrolières ont été victimes du « mal hollandais[63] », phénomène qui a contribué à handicaper l'essor des secteurs industriel et agricole.

Pour assurer une contribution substantielle de l'exploitation des mines et des puits de pétrole à la croissance à long terme de l'Afrique, il faut que les gouvernements (a) observent une discipline stricte et davantage de rigueur dans l'évaluation des investissements, et (b) proscrivent une surévaluation des taux de change. Il est important de relever que les sociétés minières transnationales, qui constituent la principale source potentielle d'investissement, ont réduit le rythme de leurs opérations de prospection, au motif que la région d'Afrique subsaharienne revêt moins d'attraction.

Deux défis sont à relever par les pays d'Afrique subsaharienne dans leurs politiques d'exploitation des ressources minières et de pétrole : (a) asseoir une gestion efficace du partenariat avec les sociétés

---

[63] Le mal hollandais ou maladie hollandaise, ou malaise hollandai, ou syndrome hollandais ou encore malédiction des matières premières, est un phénomène économique qui caractérise le déclin de l'industrie manufacturière locale du fait de l'exploitation des ressources naturelles. Il affaiblit les autres secteurs d'activités, ce qui aggrave le déficit de la balance commerciale du pays.

étrangères, en obtenant entre autres de ces sociétés la formation du personnel local et la consolidation des liens avec l'économie de chaque pays en mettant en place un code minier précisant clairement les obligations réciproques ; une telle évolution constituera un atout pour la matérialisation du rôle de chaque pays à la bonne marche de la zone de libre-échange continentale africaine (ZLÉCAf) ; (b) améliorer le niveau de production minière par la mise en place d'un environnement propice au travers notamment des taux de changes compétitifs, de la garantie du rapatriement des bénéfices , d'une gestion financière transparente et équitable. Un tel environnement est impératif.

Au total, les gouvernements ont intérêt à développer avec les investisseurs étrangers un nouveau partenariat mieux équilibré, effectivement gagnant-gagnant.

10.8. La contribution de l'énergie à la croissance

La croissance économique est tributaire de la disponibilité en énergie, facteur indispensable au développement de l'agriculture et de l'industrie. La demande en ce facteur croît très souvent plus vite que le PIB. À titre indicatif, pour réaliser une expansion de 5% de la production d'énergie, l'Afrique devait investir quelque 28 milliards de dollars des États-Unis d'Amérique en dix ans, (selon l'estimation de 1990, du rapport d'étude de la Banque mondiale, rappelé plus haut), soit l'équivalent de près de 2% du PIB annuel. Les ressources énergétiques de l'Afrique sont abondantes, mais inégalement distribuées sur le continent. Quelques données chiffrées : (a) les ressources pétrolières prouvées équivalent à 120 ans de consommation aux niveaux de 1990 ; (b) moins de 4% du potentiel hydroélectrique de l'Afrique a été mis en valeur ; (c) les réserves connues de gaz équivalent à 20 fois la capacité hydroélectrique installée en 1990 ; (d) les réserves de charbon exploitables atteignent 135 milliards de tonnes.

La thérapie aux difficultés énergétiques pour l'Afrique se décline en trois points essentiels : (a) une planification minutieuse permettant de bien définir la combinaison la plus avantageuse des sources d'énergie ; (b) une réduction des coûts globaux grâce à une coopération entre pays, en exploitant les réserves de pétrole aux fins de disposer des devises, et en utilisant au maximum le gaz naturel qui est moins polluant et plus difficile à transporter jusqu'aux marchés d'Outre-mer ; (c) l'amélioration de la gestion des compagnies de distribution d'électricité, pour plus d'efficacité.

L'énergie domestique comporte des spécificités : (a) quatre cinquièmes des habitants de l'Afrique sont tributaires du bois de feu. Plus de cinquante millions d'Africains font face à de graves pénuries d'énergie domestique et leur nombre ne cesse d'augmenter : (b) la plantation d'arbres (reboisement) et l'emploi de fourneaux plus efficaces, ou d'autres combustibles tels que le gaz en bouteilles, ou de kérosène, ont besoin d'être encouragés, notamment au travers d'un programme de développement du secteur « énergie » ; (c) la perception des redevances pour le bois de feu et le charbon de bois ; cette mesure devrait être assortie de moyens appropriés pour aider les familles les plus pauvres.

Ces éléments sont éligibles dans le plan d'action environnementale de chaque pays, indiquant de manière explicite **les mesures destinées à surmonter la crise énergétique des ménages**.

10.9. Le resserrement des liens entre États africains

La présentation et la description de la zone de libre-échange continentale africaine (ZLÉCAf) ainsi que l'introduction du présent chapitre traitent largement des conditions préconisées et de la vision projetée par les dirigeants africains aux fins du nécessaire resserrement des liens entre les différents pays du continent.

10.10. Financement soutenable du développement

10.10.1. La réorientation des dépenses de développement

Pour atteindre un taux de croissance objectif de 5% l'an en termes réels, l'Afrique subsaharienne doit prendre des mesures efficaces : (a) porter son taux d'investissement de 15% à 25% du PIB ; (b) augmenter régulièrement le montant global des dépenses affectées à la valorisation des ressources humaines pour atteindre un taux par rapport au PIB oscillant entre 8% et 10% par an, soit près du double du niveau de 1990 ; (c) augmenter la dépense d'infrastructure pour représenter environ 6% du PIB : dépenses d'équipement et dépenses renouvelables afin de disposer de ressources suffisantes pour assurer l'entretien nécessaire et couvrir les frais de fonctionnement ; (d) donner davantage de poids aux investissements privés dans les secteurs productifs (estimés à 4% pour l'agriculture et 3% pour l'industrie).

Une évaluation rigoureuse de tous les investissements publics est indispensable pour mieux orienter leur efficacité.

10.10.2. L'augmentation de l'épargne publique

L'épargne publique est indispensable au financement du développement. Son niveau est à l'évidence un indicateur de la gouvernance économique. Le renforcement de l'épargne publique fait appel à des mesures appropriées : (a) augmenter les recettes ; (b) limiter les dépenses ; (c) veiller à la compatibilité avec les priorités de la stratégie de développement ; (d) remplacer progressivement les taxes sur le commerce (taxes à la production et éventuellement à l'exportation) par des taxes à la consommation ; (e) à titre d'exemple, relever les tarifs des services publics et percevoir des redevances pour certains services sociaux.

Les mesures destinées à accroître les recettes doivent être accompagnées des dispositions appropriées dont entre autres : (a) une discipline financière très stricte afin de limiter les gaspillages ; (b) l'adéquation entre les dépenses et les priorités de développement ; (c) un meilleur équilibre entre les dépenses salariales et les dépenses afférentes au matériel : à titre d'illustration, (i) il est possible de faire baisser la masse salariale des services publics dans certains pays où cette masse absorbe au moins 60% des recettes, niveau qui constituerait un préjudice à l'investissement productif ; (ii) réduire les subventions aux organismes parapublics en s'en tenant à l'essentiel, ainsi que les dépenses militaires ; augmenter les dépenses d'achat de matériel dont le personnel a besoin pour travailler dans de bonnes conditions et assurer l'entretien ainsi que la maintenance requis ; (d) des économies issues des réductions ci-dessus préconisées seront affectées à des postes de dépenses revêtant un caractère incitatif pertinent à l'efficacité de l'action du gouvernement.

10.10.3. La mobilisation de l'épargne privée

La tradition africaine comporte des facteurs d'incitation à l'épargne privée. Il s'agit entre autres de la pratique du partage et le développement communautaire, notamment par le biais des tontines assorties d'encadrement obéissant à une discipline et d'un système de garantie très rigoureux.

La mobilisation de l'épargne privée se concrétise sous plusieurs formes : (a) espèces ; (b) travail, donnant lieu à des affectations au profit des projets socio-économiques :écoles, dispensaires, approvisionnement en eau potable, … ; (c) contributions des circuits financiers officiel et informel : malgré des efforts de coercition sociale rigoureuse, on assiste fréquemment à une dégradation des systèmes financiers (tontines, et autres micro finances), d'où la nécessité de réformes impliquant des mesures pour (a) fixer des taux d'intérêt, (b) affecter les crédits en fonction du marché, (c) renforcer la supervision des banques, (d) appliquer des ratios prudentiels et (e) assurer le recouvrement des dettes.

La mobilisation de l'épargne privée est un exercice dont l'efficacité est un enjeu exigeant d'approfondir et de diversifier l'intermédiation financière. Il est important d'exploiter et de rationaliser toutes les possibilités d'encourager les organismes informels d'épargne et de crédits : ces organismes doivent bénéficier d'un renforcement de capacité en vue d'offrir des services financiers aux agriculteurs et aux entreprises du secteur structuré, plus particulièrement dans les régions éloignées par rapport au centre urbain. Les fonds mobilisés auprès des organismes informels vont financer entre autres des achats des charrues, des bœufs ou des filets pour la pêche.

10.10.4. L'équilibre des ressources externes

Les pays africains ont besoin de devises pour financer leurs importations, d'où la nécessité pour eux d'accroître leur part dans les marchés mondiaux. Les recettes d'exportation de ces pays doivent augmenter sous l'effet des deux facteurs que sont l'augmentation de la production de chaque pays et la diversification des économies. Comme implication de ce double effet, il faut procéder à l'élaboration de nouveaux produits en quête de nouveaux débouchés, notamment les marchés asiatiques. À tous ces efforts doit s'ajouter le renforcement des parts sur les marchés existants. Les exportations des pays d'Afrique subsaharienne ont représenté en moyenne 19% du PIB sur la période 1986-1987 ; environ 24% en l'an 2000, pour une projection de 28% en 2020. Du côté des importations, alors qu'elles atteignent en 2000 quelque 33% du PIB, elles vont par la suite augmenter au même rythme que cet agrégat. L'importante étude de la Banque mondiale citée plus haut donne dans son rapport quelques hypothèses d'équilibre général des ressources : (a) objectif de croissance du PIB de 4% par an, ensuite 5% ; (b) volume total des investissements : 25% du PIB par an jusqu'en l'an 2000 ; (c) épargne interne : 18% du PIB en 2000, puis 22% du PIB en 2020 ; (d) transferts (y compris tous les modes de financement) nécessaires en vue de combler le déficit, estimés à 9% du PIB en 2000. Par la suite, le besoin d'épargne externe serait moins pressant et ne représenterait plus que 5% du PIB en 2020.

10.11. Aide au développement durant les années 1990

Au niveau de la communauté internationale, l'on a pris conscience, aux fins de réussir la mise en œuvre des programmes d'ajustement structurel des années 1990, de maintenir le rythme d'augmentation du volume d'aide des années précédentes. Il en résulte trois mesures d'envergure ; (a) allonger la liste des pays éligibles aux crédits de l'Agence internationale de développement (AID)[64] du groupe de la Banque mondiale ; (b) remettre à niveau des secteurs tels que (i) la sécurité alimentaire, (ii) la valorisation des ressources humaines et (iii) l'infrastructure ; et (c) financer de nouvelles initiatives dans les domaines de planning familial et de protection de l'environnement.

L'Afrique subsaharienne attend des efforts de la part des bailleurs de fonds devant contribuer à (a) augmenter le volume brut de l'aide publique au développement (APD) : sur les années 1990, ce volume a été estimé à 4% environ par an en termes réels, niveau restant tout de même inférieur à celui des années 1980 ; (b) mettre en place des mécanismes d'allègement de la dette : ces mécanismes devraient mettre l'accent sur la réduction effective de la dette des pays d'Afrique subsaharienne ; ils permettent aux paiements effectifs du service de la dette de ne pas dépasser 9 milliards de dollars des États-Unis d'Amérique pour l'ensemble de l'Afrique subsaharienne.

Les pays à revenu intermédiaire devraient eux aussi, pouvoir bénéficier de conditions concessionnelles[65] d'allégement de la dette.

La Banque mondiale procède à une estimation de l'APD sur la base des hypothèses indiquées plus haut, soit un montant brut (au prix

[64] International development agency (IDA), aux conditions douces en termes de durée et de taux d'intérêt.

[65] Durée longue (e. g. 25 ans au niveau de la Banque mondiale), taux d'intérêt faible autour de 1% par an.

de 1990) estimé à 22 milliards de dollars en 2000. Les objectifs des estimations du groupe de la Banque mondiale sont précis : (a) inverser le déclin de l'Afrique , d'où l'impératif d'une augmentation annuelle de l'APD de 4% par an ; (b) déployer des efforts d'aide spécifiques en direction de l'Afrique, confrontée à des difficultés particulières ; ces difficultés ont eu pour conséquence des revenus par tête d'habitant à la fois faibles et en régression ; (c) intégrer de nouveaux besoins couverts par l'APD, procéder aussi à l'allongement de la liste des pays éligibles au guichet de l'IDA.

Il faut par ailleurs reconnaître que la communauté économique et financière internationale (Bilatéraux, Multilatéraux, Privés), a fait beaucoup d'efforts dans les opérations de restructuration et de réduction de la dette africaine : passage au Club de Paris, négociations au Club de Londres, initiative PPTE[66] , etc.

10.11.1. La composition de l'aide

L'APD devrait être axée sur quatre priorités : (a) soutien des dépenses publiques dans les domaines de l'infrastructure et de la valorisation des ressources humaines : affectation du financement extérieur aux programmes pertinents de développement des secteurs et sous-secteurs prioritaires, en prenant soin d'intégrer les dépenses d'exploitation et d'entretien ; (b) utilisation judicieuse des financements obtenus dans le cadre des programmes d'ajustement structurel (PAS) : ces programmes ont été en vogue durant les années 1990 et au-delà. Les prêts à l'appui des réformes devraient de plus en plus être accordés pour soutenir des mesures déjà adoptées, au lieu d'être assortis de conditions liées à des promesses portant sur quelque action future peu précise ; (c) aide aux initiatives du secteur privé, ainsi qu'à des ONG vecteurs de canalisation de l'APD, notamment pour le développement à la base ; (d) encouragement des programmes d'intégration régionale en appuyant la rationalisation des institutions régionales et en aidant à couvrir les coûts transitoires de la libéralisation des échanges à l'intérieur de l'Afrique.

Compte tenu de ces priorités, l'APD se décomposerait comme suit : 25% pour l'infrastructure sociale ; 25% pour l'infrastructure

[66] PPTE : Pays Pauvres Très Endettés

matérielle et 50% pour la production, l'assistance technique au titre de l'aide-programme.

10.11.2. L'efficacité de l'aide

Face à l'inquiétude que suscite la dégradation accélérée de la situation économique, il devient impératif de conditionner la mise en place de l'aide publique au développement à l'efficacité de son utilisation. Cette conditionnalité s'accompagne, pour combiner disponibilité des ressources et efficacité de leur utilisation, d'une perspective claire de diminution des besoins d'aide. En effet, une indépendance responsable de l'Afrique commande un engagement crédible entre bailleurs de fonds (prêteurs, créanciers) et pays bénéficiaires (emprunteurs, débiteurs) – car l'APD n'est pas un don absolu – à plus de sens de responsabilité : **les fonds déloqués au titre de l'APD ne doivent pas servir, même de manière indirecte, à financer des dépenses militaires et d'acquisition de produits de luxe, ou bien pour alimenter la fuite des capitaux**. Ce type de dépense est classé sur la liste « négative » de la Banque mondiale.

Il devient de plus en plus urgent d'asseoir un partenariat d'un type nouveau, c'est-à-dire plus égalitaire pour une aide plus efficace. Un cadre doit être défini, assorti des conditions de (a) dialoguer sincèrement ; (b) assurer de manière concertée le suivi de la macro politique ; et (c) veiller à l'atteinte des objectifs des programmes d'aide : un exemple de suivi concerté est donné par les missions de revue conjointe Fonds monétaire international – Banque mondiale – Banque africaine de développement – Pays bénéficiaire. S'agissant plus spécifiquement de prêts à l'ajustement structurel, il faut des négociations approfondies prenant en compte les réalités de chaque pays et sa capacité à assurer les engagements pris, y compris celui d'honorer dans les délais le service de la dette et la mise en œuvre de la dimension sociale de l'ajustement.

Au niveau des réformes, (a) le programme doit être le fait du gouvernement en termes d'élaboration des documents et stratégies de politique générale, d'imprégnation de la vision et de recours à l'assistance technique, liée notamment au renforcement institutionnel ; (b) il est important pour le pays d'assurer un partenariat efficace de coordination de l'assistance technique, d'élaboration de stratégie d'ensemble de renforcement des capacités multisectorielles. **L'assistance technique extérieure doit intégrer la priorité de**

former une expertise locale appelée à la supplanter à moyen terme ; il convient de commencer par remplacer des experts de long terme par des consultants à court terme.

10.12. Programme stratégique de développement

La complexité des problèmes de développement en général et de l'Afrique subsaharienne en particulier, impose aux pays du continent africain pris individuellement, de mettre en place une stratégie d'implémentation de la vision. Chaque pays africain doit également se préparer pour contribuer avec efficacité à l'intégration régionale dans le sillage de la mise en œuvre de l'accord de création de la zone de libre – échange continentale africaine (ZLÉCAf).

10.12.1. La définition et la construction de l'objectif global de développement

Pour construire un objectif global pertinent de son développement, chaque pays africain doit **rechercher un terrain commun au niveau le plus élevé possible, permettant aux différents acteurs de conjuguer leurs efforts.**

Un certain nombre de facteurs déterminants de consensus s'imposent : (a) tirer les leçons des programmes d'ajustement structurel, afin de (i) mieux tenir compte de l'impact social des réformes dans le but de mieux orienter les dépenses budgétaires consacrées notamment à la valorisation des ressources humaines ; (ii) revoir et adapter le niveau de l'investissement productif aux fins d'accélération de la croissance économique ; et (iii) ne pas s'en tenir uniquement à réaliser un équilibre macroéconomique, mais **procéder à une transformation fondamentale des structures en place** ; (b) centrer la stratégie sur la population (valorisation des ressources humaines) et la satisfaction des besoins fondamentaux ; (c) persister dans le renforcement des capacités au niveau des divers secteurs et administrations, au travers des réformes institutionnelles , au sein de tout l'appareil gouvernemental : prendre des mesures incitatives en direction du secteur privé et des organisations non gouvernementales (ONG) ; faciliter la participation active des femmes et des jeunes au processus de développement économique et social ; (d) veiller à la mise en place d'un environnement propice pour encourager le développement de l'entreprise privée, renforcer l'efficacité des services d'infrastructure, et soutenir le secteur informel aux fins de création des revenus et des emplois ; assurer avec davantage de force la « modernisation » des activités du secteur informel ; (e) résoudre l'ensemble des problèmes plus ou moins liés entre eux, notamment : l'insuffisance de la production agricole, le rythme de la croissance démographique et de la dégradation de l'environnement. En particulier des éléments de solution doivent être trouvés dans le renforcement de la recherche et de la vulgarisation agricoles ; l'élargissement des services de planning familial ; et l'adoption des plans d'action sur la protection de l'environnement.

10.12.2. La prise en compte de la dimension « intégration régionale »

À la lumière des développements précédents, l'intégration et la coordination régionales sont indispensables pour l'ensemble du continent africain en tant qu'entité, et pour chacun des pays. Tous les acteurs à tous les niveaux géographique et de responsabilité, doivent : (a) prendre des mesures pragmatiques et progressives destinées à faciliter le commerce entre les pays africains, la mobilité de la main-d'œuvre, l'éducation, la recherche et la gestion des ressources naturelles. **Un premier acte déterminant doit porter sur la restructuration et la rationalisation des institutions régionales ;** (b) **poursuivre les programmes spéciaux d'aide à l'Afrique en tant que produit de concertations approfondies entre donateurs et bénéficiaires**. Il va sans dire que si l'accord créant la ZLÉCAf est intégralement mis en œuvre, l'intégration régionale fera dans quelques années un grand pas sur le chemin de progrès en Afrique ; et il restera à le parfaire en développant le volet monétaire.

10.12.3. Quelques préalables pour le développement de l'Afrique

Un ensemble d'éléments constituent des pré requis pour l'Afrique sur son chemin vers le développement harmonieux et concerté :

P1. Les méthodes de gouvernement doivent être améliorées sur la base d'un diagnostic analytique approprié, sans complaisance : mieux définir et comprendre la démocratie autour d'un consensus adapté à l'Afrique, afin d'éviter des « tricheries démocratiques » sources de gâchis financiers, de pertes de temps voire de vies humaines ! Ce continent si richement nanti par le Créateur a plus besoin de « coups de croissance/développement » que de « coups d'État militaires ou constitutionnels », gage la plupart du temps d'une régression programmée.

P2. La gouvernance doit être appliquée sans faiblesse ni favoritisme, avec obligation de « rendre compte régulièrement » à la population, des actes de gestion à tous les niveaux de responsabilité. Un accent particulier doit être mis sur le mécanisme africain d'évaluation par les pairs (MAEP) dans le cadre du nouveau partenariat de développement économique en Afrique (NEPAD)[67] : ce mécanisme, aujourd'hui facultatif, devrait devenir obligatoire pour tous les pays africains ; il devrait rentrer dans la grille des critères d'appréciation de la démocratie dans chaque pays ; il devrait relever aussi de la « batterie » de garanties susceptibles d'intéresser bailleurs de fonds et autres investisseurs potentiels. L'efficacité et l'image de l'Union africaine (UA) en sortiraient grandies !

P3. La constitution d'une « Coalition globale » en faveur de l'Afrique : pour une meilleure participation des différents acteurs au développement de l'Afrique, il est important de mettre en place un cadre de concertation entre l'Afrique et ses partenaires politiques, techniques et financiers. D'où la nécessité de création de la « Coalition globale ». Cette Coalition devrait permettre aux dirigeants africains de se mobiliser en impliquant autour d'eux des personnalités du secteur public ainsi que du secteur privé, des professions libérales et des universitaires. Ensemble, tous ces acteurs devraient organiser des rencontres régulières avec les principaux partenaires extérieurs du continent. De ces rencontres vont émerger des stratégies de conception et de mise en œuvre des programmes d'appui technique et financier, ainsi que des programmes spécifiques d'intensification de la coopération entre l'Afrique et ses partenaires.

Il faut rappeler qu'il existe des rencontres entre l'Afrique et des partenaires spécifiques bien ciblés tels que l'Union européenne, la Chine ou le Japon, voire la Russie. Mais les initiatives sont en général prises par ces catégories de partenaires de manière personnelle, sans concertation préalable avec l'Afrique, dans leur formulation initiale. Au sein de la « Coalition globale », il s'agira pour le continent de préparer le terrain afin de présenter aux partenaires des points précis d'échanges, de discussions et de prises de décisions pertinentes dans l'intérêt des deux parties. L'agenda de la « Coalition globale » devrait comporter

---

[67] NEPAD ; New Economic Partnership for Africa's Development

des sujets prioritaires, portant notamment sur (a) la protection de l'environnement ; (b) le renforcement des capacités ; (c) la politique démographique ; (d) la sécurité alimentaire ; et (e) l'intégration et la coopération régionales.

L'impact potentiel de la « Coalition globale » se traduira par au moins deux avantages palpables : la « Coalition globale » constituera un canal approprié d'affectation de l'aide aux programmes prioritaires, sur la basc des décisions prises d'accord parties ; elle sera la preuve concrète de l'existence d'une nouvelle volonté commune de travailler de concert, en toute transparence, avec obligation de rendre compte de part et d'autre, dans un esprit pragmatique, dans la perspective de contribuer avec assurance au développement accéléré de l'Afrique.

Les « fameux sommets » du genre que nous connaissons aujourd'hui, où des États de tout un continent sont invités, voire convoqués comme des apprenants à des séminaires d'imprégnation semblent surannés. Car manifestement condescendants, ils sont en général autant spectaculaires et croustillants pour les médias, qu'improductifs !!

Le lancement de la ZLÉCAf, qui opère sous des régimes préférentiels, est effectif depuis le 1er janvier 2021 et suscite déjà les faveurs des acteurs avisés. C'est notamment le cas du directeur « Cooperate Business, région UEMOA » de Ecobank, dont l'Agence Ecofin relate les propos dans sa livraison du 17 septembre 2023. Il en ressort que : les principaux défis à relever portent sur l'accès au financement, le déficit d'expertise technique, l'absence de profondeur des marchés nationaux et régionaux, et de la compétitivité dans un certain nombre de secteurs d'activités, face à la concurrence mondiale. En effet, la ZLÉCAf constitue une opportunité de rêve offerte aux entreprises africaines pour placer sans frais leurs produits et services sur un marché unique africain, au-delà de leurs marchés nationaux étriqués. La ZLÉCAf est aussi une incitation encourageante pour les investissements directs étrangers et l'amélioration de la compétitivité des industries africaines, tirant avantage de la réduction des coûts de production. Des simulations effectuées par la Commission économique des Nations unies pour l'Afrique (CEA) montrent que la mise en œuvre de la ZLÉCAf devrait, à l'horizon 2045, accroître les échanges intra-africains de 33,8% contre seulement moins de 20% en 2020. Au niveau des entreprises africaines, un accent particulier devrait être porté sur l'investissement dans les chaînes de valeurs.

Conclusion

La création et la mise en place de la monnaie unique commune africaine aura pour conséquence logique heureuse, la solution tant attendue au lancinant problème du franc CFA. Cette monnaie « d'accompagnement » des indépendances des pays africains aura fait son temps. Le franc CFA aura laissé sur son sillage des avantages et des inconvénients, rappelés dans le présent ouvrage, notamment à l'annexe 2. La monnaie unique commune (muca) devrait se substituer de manière ordonnée et consensuelle, au franc CFA ainsi qu'à toutes les autres monnaies nationales africaines existantes au moment de sa création.

L'importance de la monnaie unique commune africaine

Après une soixantaine d'années d'indépendances, l'Afrique fait montre d'un double potentiel qui en fait entre autres arguments un continent d'avenir : la croissance démographique et les richesses du sous-sol. Cependant, ce continent présente des failles en matière de gouvernance et de souveraineté monétaire, ce qui laisse peu de place pour une gestion dynamique et efficace de l'économie africaine, et de financement approprié de son développement. Dirigeants et populations ont depuis quelques décennies, pris conscience de sortir du cercle vicieux, d'où des initiatives sur l'intégration régionale et une véritable indépendance monétaire. La création en 2018 de la zone de libre-échange continentale africaine (ZLÉCAf), la tenue dans le cadre des activités de l'Union africaine des ateliers et autres colloques dans la perspective de la monnaie unique commune africaine, sont des avancées pertinentes qu'il convient de consolider et de parachever sans délai.

Pour échanger, il faut produire localement dans le continent, pour ne pas tomber dans le travers d'échanger des produits préalablement importés en dehors de l'Afrique. Deux secteurs stratégiques devront jouer les premiers rôles : en effet, les améliorations attendues dans l'agriculture et l'industrie les renforcent mutuellement sur le sentier de développement du continent. À cette fin, la productivité doit occuper une place de choix dans la stratégie de développement attendu. Des résultats encourageants ont été enregistrés en Afrique sub-Saharienne par la production agricole : le volume des produits alimentaires équivaut à plus de six fois son niveau de 1961, conférant au continent la palme d'or historique dans le monde ; par contre, beaucoup de chemin reste à faire en termes de productivité, selon une étude publiée par The New York Times le 1er avril 2024 sous la plume de Peter Coy[68] . Par rapport à la productivité, l'étude se sert du facteur de productivité globale de l'agriculture qui détermine le niveau d'accroissement de la production agricole (output), en comparaison avec les accroissements des inputs des facteurs terre, travail et équipement. Des éléments pertinents de cette étude qui porte sur la période 1960-2020, il ressort que : alors que la production de l'Afrique augmente, notamment en cultures et autres produits d'élevage, elle y parvient grâce exclusivement à une forte utilisation des inputs, ce qui requiert davantage de main-d'œuvre, de terre cultivée et de pâturages ; l'Afrique sub-Saharienne devrait enregistrer un développement économique plus robuste avec des agriculteurs plus efficients, donc nantis d'un niveau plus élevé de productivité, permettant un impact plus prononcé du dividende démographique ; un tel impact contribuerait au développement des entreprises industrielles potentielles bénéficiaires des ressources humaines libérées par le secteur agricole ; ainsi se mettrait en place une spirale heureuse de renforcement bénéfique réciproque entre l'agriculture et l'industrie, moyennant bien entendu un renforcement des capacités appropriées.

L'entrée en phase opérationnelle de la ZLÉCAf dès 2021, devrait doter l'Afrique d'un grand marché continental : pour en tirer grand avantage, deux aspects importants doivent bénéficier des efforts conjugués des dirigeants et populations du continent ; il faut développer les industries afin d'accroître l'offre sur ce vaste marché ; il faut donner au marché l'instrument fondamental de facilitation des échanges, c'est-à-dire la monnaie. L'afric[69], qui pourrait être la monnaie unique commune africaine (muca), devrait voir le jour très rapidement, dans le sillage de la ZLÉCAf. Ainsi seront résolus une fois pour toutes, le problème du franc CFA qui a donné lieu ces dernières années à des débats houleux, et celui des monnaies sous-régionales souvent sources de malentendus, voire d'isolement sans progrès palpable. L'Afrique de demain, prospère, digne et conquérante, est à la portée de tous ses enfants, à condition qu'ils s'en convainquent et s'impliquent avec foi.

---

68 Unproductive Agriculture Is Holding Africa Back, Source : Food and Agriculture Organization of The Uniterd Nations, by The New York Times ; U.S. Department of Agriculture, by The New York Times

69 C'est notre proposition

La stabilité de la monnaie unique commune africaine

L'ambition légitime de faire de la monnaie unique commune africaine l'adjuvant de la Zone de libre-échange continentale africaine se trouve bien résumée dans l'expression « un seul marché, une seule monnaie » : en termes de garantie, le continent africain dispose de ressources, notamment minières suffisantes pour l'assurer ; ces ressources doivent être gérées de manière transparente avec obligation de rendre compte, à la lumière des exigences de l'initiative pour la transparence dans la gestion des industries extractives (ITIE). Il faut ensuite prendre les dispositions idoines aux fins de symbiose et compatibilité entre ces deux éléments que sont le marché et la monnaie. À cet égard :

(a) le marché unique ne devrait pas entraîner une augmentation des droits de douane vis-à-vis des pays tiers ;

(b) en théorie, l'avènement de la zone de libre-échange continentale africaine pourrait déclencher un détournement des flux commerciaux, source d'impact négatif -aussi minime soit-il- sur la prospérité mondiale ;

(c) l'adoption[70] de la monnaie unique commune africaine ne devrait pas freiner les échanges au sein du continent africain ; elle devrait plutôt les faciliter, moyennant l'adhésion de tous les États africains et leurs dirigeants à la priorité africaine en la matière ; il est impératif pour le continent africain d'être à l'abri de quelque bisbille entre États-membres ;

(d) la monnaie unique commune africaine (muca) ne devrait pas constituer un obstacle à la prospérité économique en favorisant le chômage et amplifiant l'instabilité cyclique dans les pays ;

(e) la gestion de la muca doit intégrer la maîtrise du niveau d'inflation : le respect strict des critères de convergence (portant sur le déficit budgétaire, l'endettement et l'inflation) en constitue une garantie ;

---

[70] Cette adoption se trouve justifiée, car un groupe de pays indépendants confrontés à des chocs économiques semblables, et dont la main-d'œuvre connait une grande mobilité entre ces mêmes pays, a intérêt à adopter une monnaie unique. Et c'est le cas des pays africains, membres de la Zone de libre-échange continentale africaine.

(f) un des avantagés évidents de l'instauration de la muca dans le cadre de la ZLÉCAf sera l'élimination des fluctuations de change au sein du continent ;

(g) la muca impliquant une politique monétaire supranationale, elle entraîne la perte de l'indépendance de la politique monétaire nationale ;

(h) l'ambition louable des États membres de la ZLÉCAf, il convient d'en intégrer les conséquences en termes d'effets de la politique budgétaire sur le taux de change de la muca : une fois industrialisé, ces pays devraient être dotés de marchés de capitaux développés, le taux de change devenant une résultante du mécanisme du marché ; alors ij deviendra impossible de prévoir dans que sens le taux de change de la muca se comportera sous l'effet des mesures budgétaires. Dans la pratique, il peut advenir que la monnaie enregistre une appréciation en réaction à une augmentation du déficit budgétaire : l'expansion budgétaire aura boosté la production, les taux d'intérêt, les importations et l'afflux des capitaux ; le facteur sera le maintien de l'orientation de la politique monétaire assorti d'une grande mobilité des capitaux au sein de la zone de libre- échange continentale africaine et avec les pays industrialisés partenaires. Autrement, on pourrait plutôt assister à une dépréciation de la monnaie sous l'effet de l'augmentation du déficit budgétaire, : une explication serait la crainte d'une aggravation du risque de change et du risque politique, l'expansionnisme budgétaire ayant plombé la crédibilité de la politique du gouvernement. En attendant l'étape d'industrialisation accomplie, il faut noter que les pays en développement connaissent une limitation des mouvements de capitaux, induisant en général une prépondérance de la monétisation budgétaire, contrairement aux pays industrialisés. En clair, l'assainissement devrait être la priorité au sein de la ZÉCAf, afin d'assurer l'appréciation de la monnaie unique commune africaine. Face au niveau réduit ressources disponibles affectées aux services publics, le redressement et la viabilité des finances publiques passent impérativement par la productivité des dépenses publiques.

(i) la compétitivité[71], élément incitatif prioritaire : l'indépendance de la politique monétaire d'un pays se fonde sur deux avantages que sont

[71] **The Economist** (Londres), du 13 juin 1992, article de Martin Feldstein (Professeur de sciences économiques à l'université d'Harvard, directeur de National Bureau of Economic Rsearch et ancien président des conseillers économiques de la Maison Blanche) ; problèmes économiques, sélection d'articles français et étrangers, Hebdomadaire N°2.290 , 9 septembre 1992.

d'une part la capacité de mettre en œuvre une politique interne anticyclique, et d'autre part la possibilité de modifier le taux de change réel, sans pour autant exiger un changement équivalent du niveau des prix internes. Cependant, dans une union monétaire, les taux de change nominaux ne peuvent pas varier en vue de la nécessaire modification des taux de change réel ; il s'en suit donc qu'il revient au niveau national de faciliter cette modification du taux de change réel. À titre d'illustration, pour une monnaie donnée, il est possible d'enregistrer par exemple une baisse de 7% de la valeur réelle de cette monnaie de deux manières : soit par une baisse de 7% du taux de change nominal, soit par un recul de 7% des salaires et des prix nominaux. Par le biais de ces deux formes d'ajustement, le taux de change réel peut être ramené à son point d'équilibre ; mais une contraction des prix internes pourrait déclencher un relèvement temporaire du chômage. Par conséquent, une baisse du taux de change nominal est plus convenable. Il y a manifestement débat, dont la leçon fondamentale à tirer est que dans chaque pays, tout doit être mis en œuvre pour **être et demeurer compétitif.**

LEXIQUE

Quatre agrégats de monnaie[72] en France

Les agrégats monétaires sont classés du plus étroit (M1) au plus large (M4). Ils sont successivement construits par intégration de produits. On en dénombre actuellement quatre :

L'agrégat M1 : il correspond à la notion la plus étroite de la monnaie ; il n'indique que les actifs ayant le caractère de moyens de paiement, notamment utilisables en France :

- La monnaie fiduciaire : les billets émis par la Banque de France (qui est la Banque centrale de ce pays), jouant à cet effet le rôle de l'Institut d'émission, et les monnaies divisionnaires (pièces métalliques) émises par le Trésor ;

- la monnaie scripturale qui correspond aux dépôts à vue dans les banques et la Poste.

L'agrégat M2 : en plus de M1, cet agrégat comprend les placements à vue effectués, sur des comptes sur livrets à taux réglementés, notamment les livrets A des Caisses d'épargne-logement, les comptes pour le développement industriel (Codevi), les livrets d'épargne populaire (LEP), les livrets « jeunes ». La caractéristique de ces fonds, c'est d'être disponibles à tout moment, mais contrairement aux actifs constituant M1, ils ne peuvent servir directement à effectuer des paiements.

L'agrégat M3 : outre M2, cet agrégat inclut essentiellement

- les actifs monétaires en devises détenus par les agents économiques ; ceux-ci ne sont pas inclus dans M1 et M2 car leur détention comporte un risque de perte en capital, lié au risque de change (variation des taux de change) ;

---

[72] Source : La documentation Française N°286, mai-juin 1998 cahiers français Les indicateurs économiques en question, pages 42 et 45.

- les titres de créances négociables (TCN) émis sur le marché monétaire par les établissements de crédit[73] , essentiellement les certificats de dépôt et les bons à moyen terme négociables (BMTN) ;

- les titres d'0PCVM monétaires détenus par les agents non financiers : il y a deux catégories d'OPCVM (Organismes de placement collectif, en valeurs mobilières), les sociétés d'investissement en capital variable (SICAV) et les fonds communs de placement (FCP). Ce sont des fonds gestionnaires de portefeuilles de titres, qui peuvent être à court terme (actifs monétaires) ou à plus long terme (obligations ou actions).

L'agrégat M4 : cet agrégat regroupe M3 et les catégories de titres de créances négociables (TCN) qui ne sont pas dans M3, car elles ne sont pas émises par des établissements de crédit, mais par des agents non financiers. Ce sont surtout des bons du Trésor émis par l'État, des billets de trésorerie et des bons à moyen terme négociables émis par les entreprises.

À titre d'illustration, la valeur globale des agrégats monétaires, en 1996, s'établissait à 1 809 milliards de francs pour M1, à 5 372 milliards de francs pour M4, soit respectivement 23% et 68% du Produit Intérieur Brut (PIB), dont la valeur s'élevait à 7 860 milliards de francs.

[73] Les établissements de crédit comprennent les banques les sociétés financières et les institutions financières spécialisées.

ANNEXES

ANNEXE 1

TAUX DE CHANGE Euro/Franc CFA et Euro/Franc comorien

UNION EUROPENNE Bruxelles,
le 13 novembre 1998

LE CONSEIL (OR, en)

11998/1/98

REV 1

LIMITE

UEM 113

DECISION DU CONSEIL

eu

Concernant les questions de change relatives au franc CFA et au franc comorien

LE CONSEIL DE L'UNION EUROPEENNE,

Vu le traité instituant la Communauté européenne, et notamment son article 109,

Paragraphe 3,

Vu la recommandation de la Commission,

Vu l'avis de la Banque centrale européenne,

(1) considérant que, conformément au règlement (CE) n°974/98 du Conseil du 3 mai 1998 concernant l'introduction de l'euro[74], l'euro remplacera la monnaie de chaque Etat membre participant, au taux de conversion, à compter du 1er janvier 1999 ;

---

[74] JO L 139 du 11.5.1998, p. 1.

(2) considérant que la Communauté sera compétente pour les questions monétaires et de change dans les États membres adoptant l'euro à compter de cette même date ;

(3) considérant que le Conseil décide des arrangements appropriés relatifs aux négociations et à la conclusion des accords sur des questions se rapportant au régime monétaire ou de change ;

(4) considérant que la France a conclu avec l'UEMOA (Union économique et monétaire ouest-africaine), la CEMAC (Communauté économique et monétaire de l'Afrique centrale) et les Comores plusieurs accords destinés à garantir la convertibilité en franc français, à parité fixe, du franc CFA et du franc comorien[75] ;

(5) considérant que l'euro remplacera le franc français le 1er janvier 1999 ;

(6) considérant que la convertibilité du franc CFA et du franc comorien est garantie par un engagement budgétaire des autorités françaises ; que les autorités françaises ont assuré que les accords signés avec l'UEMOA, la CEMAC et les Comores n'avaient pas d'implications financières substantielles pour la France ;

(7) considérant que ces accords ne sont pas susceptibles d'influer sur la politique monétaire et de change de la zone euro ; que, sous leur forme actuelle, et dans l'état actuel de leur mise en œuvre, ces accords ne risquent donc pas de faire obstacle au bon fonctionnement de l'Union économique et monétaire ; que rien dans ces accords ne peut être interprété comme impliquant l'obligation pour la Banque centrale européenne et des banques centrales nationales de soutenir la convertibilité du CFA ou du franc comorien ; que les modifications des

---

[75] Convention de coopération monétaire du 23 novembre 1972 entre les États membres de la Banque des Etats de l'Afrique centrale (BEAC) et la République française, dans sa version modifiée ; Convention de compte d'opérations du 13 mars 1973 entre le ministre de l'économie et des finances de la République française et le président du Conseil de l'administration de la Banque des Etats de l'Afrique centrale, dans sa version modifiée ; Accord de coopération du 4 décembre 1973 entre la République française et les républiques membres de l'Union monétaire ouest-africaine, dans sa version modifiée ; Convention de compte d'opérations du 4 décembre 1973 entre le ministre de l'économie et des finances de la République française et le président du Conseil des ministres de l'Union monétaire ouest-africaine, dans sa version modifiée ; Accord de coopération monétaire du 23 novembre 1979 entre la République française et la République fédérale islamique des Comores, dans sa version modifiée ; Convention de compte d'opérations du 23 novembre 1979 entre le ministre de l'économie et des finances de la République française et le ministre des finances, de l'économie et du plan de la République fédérale des Comores, dans sa version modifiée.

accords existants n'entraîneront aucune obligation pour la BCE ou les banques centrales nationales ;

(8) considérant que la France et les pays africains signataires des accords souhaitent maintenir les accords actuels après le remplacement du franc français par l'euro ; qu'il est opportun que la France puisse maintenir ces accords après le remplacement du franc français par l'euro et que la France et les pays africains signataires de ces accords conservent la responsabilité de leur mise en œuvre ;

(9) considérant qu'il est nécessaire que la Communauté soit informée régulièrement de la mise en œuvre de ces accords et des modifications envisagées ;

(10) considérant que la modification ou la mise en œuvre d'accords existants ne fera pas préjudice de l'objectif essentiel du maintien de la stabilité des prix de la politique communautaire de change, conformément à l'article 3 A, paragraphe 2, du traité ;

(11) considérant qu'il convient que les organes communautaires compétents puissent se prononcer avant toute modification de la nature ou de la portée des accords ; que cela s'applique aux modifications concernant les parties à l'accord et le principe de la libre convertibilité à parité fixe entre l'euro et les francs CFA et comorien, cette convertibilité étant garantie par un engagement budgétaire du Trésor français ;

(12) considérant que la décision ne doit pas créer de précédent s'agissant des arrangements qui pourraient être décidés à l'avenir au sujet de la négociation et de la conclusion d'accords similaires concernant le régime monétaire ou le régime de change par la Communauté avec d'autres États ou organisations internationales ;

(13) considérant que, sans préjudices des compétences et des accords communautaires dans le domaine de l'Union économique et monétaire, les États membres peuvent négocier dans les instances internationales et conclure des accords internationaux,

A ARRÊTÉ LA PRÉSENTE DÉCISION :

Article premier

Après le remplacement du franc français par l'euro, la France peut maintenir les accords sur des questions de change qui la lient actuellement à l'UEMOA (Union économique et monétaire ouest-africaine), à la CEMAC (Communauté économique et monétaire de l'Afrique centrale) et aux Comores.

Article 2

La France et les pays africains signataires de ces accords conservent la responsabilité de la mise en œuvre de ces accords.

Article 3

Les autorités françaises compétentes tiennent la Commission, la Banque centrale européenne et le Comité économique et financier régulièrement informés de la mise en œuvre de ces accords. Les autorités françaises informent le Comité économique et financier préalablement à toute modification de la parité entre l'euro et les francs CFA et comorien.

Article 4

La France peut négocier et conclure des modifications des accords actuels dans la mesure où la nature ou la portée de ces accords n'est pas changée. Elle en informe au préalable la Commission, la Banque centrale européenne et le Comité économique et financier.

Article 5

La France soumet à la Commission, à la Banque centrale européenne et au Comité économique et financier tout projet tendant à modifier la nature ou la portée de ces accords. Ces projets doivent être approuvés par le Conseil sur recommandation de la Commission et après consultation de la Banque centrale européenne.

1 1998/1/98 REV 1 VER/myt

F

DG G

ANNEXE 2

AHALYSE SYNOPTIQUE DES SOLUTIONS AU PROBLEME FRANC CFA

Tout le développement présenté précédemment confirme entre autres l'existence du problème franc CFA. Pour avoir traversé des décennies et servi plusieurs générations, le franc CFA devrait également comporter des avantages au-delà des inconvénients relevés, auxquels il urge de trouver des solutions idoines.

A. Avantages[76]

Stabilité monétaire et liberté de transfert, grâce au compte d'opérations : il s'agit d'un compte courant ouvert dans le livres du Trésor français, libellé en euros, en contrepartie de la garantie de convertibilité. Ce compte reçoit la part obligatoire des réserves de change des pays membres de la zone franc.

Fonctionnement de la zone franc réglementé par une hiérarchie institutionnelle : gouvernement français, Banque de France, trois Banques centrales (BEAC, BCEAO, BCC), banques commerciales et gouvernements africains ; l'action du gouvernement français s'exerce par l'intermédiaire du ministère des Finances. Quant aux gouvernements africains, ils agissent au travers de l'UEMOA et de la CEMAC, de la Conférence des Chefs d'Etat et de gouvernement, et de la Conférence des ministres ; le rôle joué à ce niveau reste secondaire. Cette architecture institutionnelle a constitué pendant la période coloniale un cercle vertueux dont la métropole (la France), a tiré avantage. Pour l'économiste Joseph Tchundjang POUEMI[77] « La France est le seul pays au monde à avoir réussi l'extraordinaire exploit

[76] Franc CFA, facteur (a) de développement économique des Etats membres de la zone franc, (b) d'intégration économique régionale, (c) de stabilité macroéconomique stimulant de l'attractivité, d'où selon la Banque de France, zone franc « instrument de solidarité et de développement devant conforter la croissance, réduire la pauvreté et approfondir l'intégration régionale ».

[77] Joseph Tchundjang POUEMI, Monnaie, servitude et liberté, La répression monétaire de l'Afrique, Menaibuc, Yaoundé, 2000 (Paru originellement en 1980 aux éditions Jeune Afrique), p.27.

de faire circuler sa monnaie, rien que sa monnaie, dans des pays politiquement libres ».

Quatre grands principes de fonctionnement général du système CFA : (i) fixité des parités ; (ii) libre transfert ; (iii) convertibilité et (iv) centralisation des réserves de change (sauf pour la France elle-même). Il est à rappeler que la France, en créant la zone franc en 1939, vise pour son empire colonial le rôle de bouclier commercial et monétaire destiné à protéger l'économie française dans un contexte de crises internationales aux niveaux monétaire, économique et politique.

B. Inconvénients[78]

Un régime de change trop rigide : problème de compétitivité-prix des économies ; transfert de la souveraineté de chaque pays de la zone franc en termes de politique économique, au pays le plus grand qu'est la France.

Un ancrage à l'euro qui pose un problème : s'en prenant au dogme de l'euro fort (Le Monde du 18 décembre 2006), Nicolas Sarkozy est clair : « Il n'y a pas un pays au monde où la monnaie ne soit pas un instrument de politique économique au service de la croissance et de l'emploi ». Il en est paradoxalement ainsi du franc CFA pour chaque pays membre de la zone franc.

Un faible financement des économies : faible création monétaire au niveau des Banques centrales, préoccupées par la défense de la parité du franc CFA par rapport à l'euro.

Une liberté de transfert qui entraîne des pertes financières : saignées importantes au niveau des Etats membres de la zone franc ; endettement extérieur devenu un phénomène tendant à appauvrir l'Afrique, en favorisant la fuite des capitaux.

C. Esquisse de solution[79]

Création d'une monnaie commune des pays de la zone franc, sans la « garantie » de la France : ces pays sont en mesure de maintenir

[78] Pour FANNY PIGEAUD/NDONGO SAMBA SYLLA in « L'arme invisible de la FrançAfrique, une histoire du franc CFA », éditions La Découverte, Paris, 2018, quatre mythes, qui sont autant de handicaps, sont à élucider dans le système CFA : un régime de change trop rigide ; un ancrage problématique à l'euro : un faible financement des économies et une liberté de transfert source de fuite de capitaux.

[79] Les pays membres de la zone franc doivent conquérir leur souveraineté monétaire intégrale.

sans intermédiaire une solidarité renforcée, et d'imposer une discipline digne de leurs ambitions, par rapport à la gestion de leur monnaie commune ; cette monnaie ne devrait plus s'appeler franc CFA[80].

Création d'une monnaie nationale pour chaque pays : du fait de la spécificité de chaque pays, l'expérience montre que la mise en place d'une monnaie commune devrait être l'aboutissement d'un processus évolutif à partir des monnaies nationales. Sortant d'un système (franc CFA) imposé dont ils ne sont pas véritablement des acteurs de première ligne en matière de politique monétaire, il peut être utile pour les pays membres de la zone franc d'opter d'abord pour des monnaies nationales. À titre d'illustration, la monnaie du Cameroun pourrait bien s'appeler « le kamer ». Une telle monnaie (nationale !) aura pour avantage d'instaurer de la flexibilité en faveur de l'Etat émetteur : celui-ci pourra utiliser la politique monétaire et de change en cohérence avec la politique budgétaire, ce qui implique un impact significatif sur l'activité économique intérieure. Cette cohérence constitue un gage d'efficacité de la gestion économique du pays, que ne peut assurer l'intégration à une union monétaire non pourvue de mécanisme de solidarité budgétaire. Evidemment, il faudra observer une discipline de premier rang, dans la manipulation de la politique monétaire, afin d'éviter que des mains inexpertes ne plongent le pays dans l'abîme de la facilité.

Alors que pendant des décennies, la plupart des dirigeants des pays membres de la zone franc CFA se sont accommodés du système, il est paradoxal de constater que ces pays donnent l'impression d'être dans une sorte de cage dont ils cherchent à sortir. D'où le titre fort interpellatif du livre de Joseph Tchundjang POUEMI, « Monnaie, servitude et liberté, La répression monétaire de l'Afrique », paru aux Éditions Jeune Afrique en 1980. Manifestement, en plus du problème de monnaie, il convient de relever et déplorer celui de gouvernance dans la conduite des affaires des pays concernés. Trois phases marquent l'évolution des luttes pour sortir du système franc CFA, comme le décrit le livre de **FANNY PIGEAUD/SAMBA SYLLA, « L'arme invisible de la FrançAfrique, une histoire du Franc CFA » déjà cité :**

[80] En lieu et place du franc CFA, la monnaie commune pourrait s'appeler **le cauri** : monnaie utilisée en Afrique au XVIIIe siècle permettant d'échanger les productions des artisans spécialisés, des forgerons et des potiers contre des produits agricoles (Claude TARDITS, « Le royaume Bamoum, 1980 », Librairie Armand Colin, 103, boulevard Saint-Michel, Paris 5e).

1. Des tentatives réussies : Guinée (Conakry) en 1959. ; Mauritanie (1972) ; Madagascar (2003).

2. Des tentatives étouffées : Mali (1962, le Mali s'est fait hara-kiri) ; Togo (1963). Ces tentatives ont été étouffées par des intimidations, des opérations de déstabilisation, des coups d'État voire des assassinats.

3. Des contestations récentes : rumeurs de dévaluation du franc CFA en zone CEMAC en 2015 et 2016 ; déclarations critiques du président du Tchad Idriss Deby Itno en 2015, qui lance un appel à « couper le cordon qui empêche l'Afrique de décoller » ; prise de conscience de plus en plus remarquée des jeunes et des intellectuels d'Afrique, mais sans concertations concrètes.

ANNEXE 3

CONVENTION RÉGISSANT L'UNION MONÉTAIRE DE L'AFRIQUE CENTRALE (U.M.A.C.)

Le Gouvernement de la République du Cameroun,
Le Gouvernement de la République Centrafricaine,
Le Gouvernement de la République du Congo,
Le Gouvernement de la République Gabonaise,
Le Gouvernement de la République de Guinée Équatoriale,
Le Gouvernement de la République du Tchad,
- vu le Traité instituant la Communauté Économique et Monétaire de l'Afrique Centrale;
- fidèles aux objectifs de la Communauté Économique Africaine ;
- conscients des avantages que les États membres tirent de leur appartenance à la même communauté monétaire, et désireux de la renforcer ;
- considérant la nécessité de consolider les acquis de la coopération monétaire existant entre les États membres par l'effet des Conventions des 22 et 23 novembre 1972 entre les États membres de la Banque des États de l'Afrique Centrale d'une part, et entre ceux-ci et la République Française d'autre part, ainsi que du Traité relatif à l'adhésion de la Guinée Équatoriale ;
- affirmant qu'il est de l'intérêt propre de leur pays et de leur intérêt commun d'intégrer leur coopération monétaire au sein d'une union monétaire articulée autour d'un Institut d'Émission commun ;
- estimant que seul le respect des droits et obligations incombant aux participants à une union monétaire peut permettre son fonctionnement dans l'intérêt commun, comme dans l'intérêt propre de chacun de ses membres ;
- soulignant la nécessité de conforter la communauté de monnaie et les interdépendances qu'elle entraîne par une mise en cohérence de leurs politiques économiques et un développement harmonisé de leurs économies nationales sont convenus des dispositions ci-après :

CHAPITRE I : LES PRINCIPES

Article 1

TITRE 1

LES DISPOSITIONS COMMUNES

Par la présente Convention, les Hautes Parties Contractantes instituent entre elles l'Union Monétaire de l'Afrique Centrale (U.M.A.C.), ci-après dénommée l'Union Monétaire, afin de créer en commun les conditions d'un développement économique et social harmonieux, dans le cadre d'un marché ouvert et d'un environnement juridique approprié.

Article 2

L'Union Monétaire agit dans la limite des objectifs que le Traité de la C.E.M.A.C. et la présente Convention lui assignent. Elle respecte l'identité nationale de ses États membres.

Article 3

L'Union Monétaire se caractérise par l'adoption d'une même unité monétaire dont l'émission est confiée à un Institut d'Émission commun, la Banque des États de l'Afrique Centrale (ci-après dénommée la Banque), régi par des statuts propres annexés à la présente Convention.

Article 4

L'Union Monétaire participe à l'exercice de la surveillance multilatérale dans les conditions prévues par la Convention de l'Union Économique de l'Afrique Centrale (U.E.A.C.), par la coordination des politiques économiques et la mise en cohérence des politiques budgétaires nationales avec la politique monétaire commune.

Article 5

Les États membres s'engagent à apporter leur concours afin d'assurer le plein respect des dispositions de la présente Convention et des textes pris pour son application, notamment en ce qui concerne :

a) les règles génératrices de l'émission monétaire

b) b) la mise en commun des réserves de change ;

c) la libre circulation des signes monétaires et la liberté des transferts entre États de l'Union Monétaire ;

d) les mesures d'harmonisation des législations monétaire, bancaire et financière et du régime des changes ;

e) les procédures de mise en cohérence des politiques économiques.

Article 6

L'unité monétaire légale des États membres de l'Union est le Franc de la Coopération Financière en Afrique centrale (F. CFA).

La définition du Franc de la Coopération Financière en Afrique Centrale est celle en vigueur à la signature de la présente Convention.

La dénomination et la définition de l'unité monétaire de l'Union pourront être modifiées après concertation entre les États membres et la France, qui garantit la convertibilité du Franc CFA, conformément à la

Convention de Coopération Monétaire annexée à la présente Convention.

Article 7

Les actes juridiques pris par les organes de l'Union Monétaire pour la réalisation des objectifs de la présente Convention et conformément aux procédures instituées par elle, sont appliqués dans chaque États membre.

Article 8

Les États membres apportent leur concours à la réalisation des objectifs de l'Union Monétaire, en adoptant toutes mesures internes propres à assurer l'exécution des obligations découlant de la présente Convention. Ils s'abstiennent de toute mesure susceptible de faire obstacle à l'application de la présente Convention et des actes juridiques adoptés pour sa mise en œuvre.

CHAPITRE II : LES DISPOSITIONS INSTITUTIONNELLES

Article 9

Les organes de l'Union Monétaire sont :
- la Conférence des Chefs d'État,
- le Comité Ministériel,
- l'Institut d'Émission, dénommé la Banque des États de l'Afrique Centrale (B.E.A.C.),
- la Commission Bancaire de l'Afrique Centrale (COBAC).

Section 1 La Conférence des Chefs d'État

Article 10

La Conférence des Chefs d'État, instituée par le Traité créant la Communauté
Économique et Monétaire de l'Afrique Centrale (C.E.M.A.C.), est l'autorité suprême de l'Union Monétaire. A ce titre, elle :
a) décide de l'adhésion d'un nouveau membre
b) prend acte du retrait d'un membre de l'Union Monétaire
c) fixe le siège de l'institut d'Émission
d) nomme et révoque le Gouverneur et le Vice Gouverneur de l'institut d'Émission sur proposition du Comité Ministériel.

Section 2 - Le Comité Ministériel

Article 11

Le Comité Ministériel, institué par le Traité de la C.E.M.A.C., examine les grandes orientations des politiques économiques respectives des États membres de l'Union Monétaire et en assure la cohérence avec la politique monétaire commune, conformément aux dispositions du Titre 111 de la Convention régissant l'U.E.A.C.

Article 12

Le Comité Ministériel :

a) veille à l'application des dispositions de la présente Convention et fait toute recommandation utile à la Conférence des Chefs d'État tendant à l'adapter à l'évolution économique et monétaire de l'Union Monétaire

b) décide de l'augmentation ou de la réduction du capital de la B.E.A.C.

c) donne un avis conforme sur les propositions de modification des statuts de la B.E.A.C. soumise par le Conseil d'Administration ;

d) ratifie les comptes annuels de la B.E.A.C., approuvés par le Conseil d'Administration et décide, sur proposition de celui-ci, de l'affectation des résultats ;

e) propose à la Conférence des Chefs d'État, sur saisine du Conseil d'Administration de la B.E.A.C., la nomination et la révocation du Gouverneur ou du Vice Gouverneur de la BE.A.C. ;

f) fixe, après avis conforme du Conseil d'Administration de la B.E.A.C., la rémunération, les indemnités et les avantages accordés au Gouverneur et au Vice Gouverneur de la B.E.A.C. ;

g) examine, sur saisine du Gouverneur, le rapport annuel de la B.E.A.C. avant sa présentation à la Conférence des Chefs d'État

Article 13

Le Comité Ministériel statue, sur proposition du Conseil d'Administration de la B.E.A.C., sur :

a) la création et l'émission des billets de banque et des monnaies métalliques ainsi que leur retrait et leur annulation ;

b) la valeur faciale et la forme des coupures, les signatures dont elles doivent être revêtues ainsi que les modalités de leur identification par État ;

c) les caractéristiques des monnaies métalliques ;

d) le délai pendant lequel les billets et monnaies retirés de la circulation doivent impérativement être présentés à la B.E.A.C. sous peine de perdre leur pouvoir libératoire ;

e) l'affectation de la contre-valeur du solde des billets et monnaies retirés de la circulation non présentés aux guichets de la B.E.A.C.

Article 14

Chaque État membre est représenté au Comité Ministériel par deux ministres dont le ministre chargé des finances, et n'y dispose que d'une voix exprimée par ce dernier.

La présidence du Comité Ministériel est tournante. Elle est assurée, pour une année civile et par ordre alphabétique des États membres, par le ministre chargé des finances.

Le Comité Ministériel se réunit au moins deux fois par an, dont une fois pour la ratification des comptes de la B.E.A.C. Il se réunit également à la demande de la moitié de ses membres ou encore à la demande du Conseil d'Administration de la B.E.A.C.

Article 15

Les Ministres représentant chacun des États membres au Comité Ministériel de l'Union Monétaire sont membres de droit du Comité National de Crédit de leur État d'origine.

Article 16

Le Gouverneur de la B.E.A.C. prépare les réunions du Comité Ministériel et rapporte les affaires inscrites à l'ordre du jour de ses travaux. Le Secrétaire Exécutif de l'U.E.A.C. assiste aux réunions en qualité d'observateur.

Les frais de fonctionnement du Comité Ministériel sont à la charge de la Banque des États de l'Afrique Centrale.

Article 17

Le Comité Ministériel délibère valablement lorsque chaque État membre est représenté.

Article 18

Les décisions du Comité Ministériel sont prises à l'unanimité ou, à défaut, à la majorité des cinq sixièmes.

L'unanimité visée à l'alinéa précédent est acquise nonobstant l'abstention de certains membres.

En ce qui concerne les décisions prises en application des dispositions des articles 12 (alinéas b à e), 13 et 19, l'unanimité est impérative.

Article 19

Le Comité Ministériel peut déléguer une partie de ses pouvoirs à son Président.

Article 20

TITRE Il

LA POLITIQUE MONÉTAIRE

Le privilège exclusif de l'émission monétaire sur le territoire de chaque État membre de l'Union Monétaire est confié à la Banque des États de l'Afrique Centrale (B.E.A.C.).

Article 21

L'objectif de la B.E.A.C. est de garantir la stabilité de la monnaie. Sans préjudice de cet objectif, la B.E.A.C. apporte son soutien aux politiques économiques générales élaborées dans les États membres de l'Union Monétaire.

Article 22

Les missions fondamentales relevant de la B.E.A.C. consistent à :

- définir et conduire la politique monétaire de l'Union ;
- émettre les billets de banque et les monnaies métalliques qui ont cours légal et pouvoir libératoire dans l'Union Monétaire ;
- conduire les opérations de change ;
- détenir et gérer les réserves officielles de change des États membres ;
- promouvoir le bon fonctionnement des systèmes des paiements.

La B.E.A.C. assiste également les États membres dans leurs relations avec les institutions financières internationales.

Le Gouverneur et le Vice-Gouverneur de la B.E.A.C. sont nommés par la Conférence des Chefs d'État sur proposition du Comité Ministériel dans les conditions prévues par les Statuts de la B.E.A.C.

Article 24

En vue de faciliter l'exécution des missions qui lui sont confiées, les immunités et privilèges généralement reconnus aux Organisations Internationales sont accordés à la B.E.A.C. sur le territoire des États membres de l'Union Monétaire dans les conditions précisées par ses statuts.

Il ne peut être imposé à la B.E.A.C. des obligations ou des contrôles autres que ceux définis par la présente Convention ou par ses statuts.

Article 25

Les signes monétaires mis en circulation par la B.E.A.C. dans chaque État membre de l'Union Monétaire ont également cours légal et pouvoir libératoire dans les autres États membres.

Article 26

La B.E.A.C. établit pour chaque État membre une situation distincte de l'émission monétaire et de ses contreparties.

Article 27

La B.E.A.C. centralise les avoirs extérieurs des États membres dans un fonds commun de réserves de change.

Les réserves de change font l'objet d'un dépôt auprès du Trésor Français dans un compte courant dénommé « Compte d'Opérations » dont les conditions d'approvisionnement et de fonctionnement sont précisées dans une convention sociale signée entre le Gouverneur de la B.E.A.C. et le Directeur du Trésor Français.

Toutefois, dans le cadre de la Convention de Coopération Monétaire conclue avec la France et en fonction de l'évolution économique et des courants commerciaux des États membres, une partie de ces réserves peut être déposée, sur décision du Conseil d'Administration, en comptes courants libellés en devises convertibles conformément aux Statuts de la B.E.A.C.

Article 28

Les États membres s'obligent à prendre toutes dispositions nécessaires d'ordre national ou international en vue d'assurer une position créditrice du fonds commun de réserves de change, selon des modalités précisées dans les statuts de la B.E.A.C.

Article 29

La B.E.A.C. tient informé le Comité Ministériel de la situation de chaque État membre dans ses écritures et de la position de celui-ci au fonds commun de réserves* de change. Elle assure la centralisation des risques bancaires dans les États membres, participe à la confection des balances des paiements et élabore les statistiques monétaires.

A cette fin, la B.E.A.C. peut requérir, soit directement, soit par l'intermédiaire des banques, des établissements financiers, de l'administration des postes et des notaires, toutes informations sur les transactions extérieures des Administrations publiques', des personnes physiques ou morales, publiques ou privées ayant leur résidence ou leur siège dans l'Union Monétaire, ainsi que des personnes ayant leur résidence ou leur siège à l'étranger pour leurs transactions relatives à leur séjour ou activité dans l'Union Monétaire.

Article 30

La B.E.A.C. établit un rapport annuel sur son activité.

Le Gouverneur présente ce rapport au Comité Ministériel et à la Conférence des Chefs d'État l'adresse aux institutions et organes de la Communauté et le rend public.

TITRE III

L'HARMONISATION ET LE CONTROLE DES RÉGLEMENTATIONS BANCAIRE, MONETAIRE ET FINANCIÈRE

Article 31

L'harmonisation et le contrôle de l'activité bancaire sont assurés par la Commission Bancaire de l'Afrique Centrale.

Article 32

L'Union Monétaire a, entre autres, pour objectifs d'adopter une réglementation bancaire harmonisée, de renforcer la réglementation commune existante en matière bancaire et financière et d'en assurer le contrôle.

Cette harmonisation et ce contrôle concernent notamment :
- les règles d'exercice de la profession bancaire et des activités s'y rattachant ainsi que le contrôle de l'application desdites règles ;
- la répression de la falsification des signes monétaires et de l'usage des signes falsifiés ;
- les règles concernant la collecte et l'affectation de l'épargne financière ;
- les régimes de change.

Le Comité Ministériel peut prendre toutes autres dispositions qu'il juge utiles en vue de renforcer la réglementation commune en matière de législation monétaire, bancaire et financière.

Article 33

Le Comité Ministériel adopte, à l'unanimité, les règlements, à la majorité qualifiée des cinq sixièmes, les directives nécessaires à la mise en œuvre de l'article précédent.

Dans ces cas le Comité Ministériel statue sur proposition du Gouverneur de la B.E.A.C. après avis conforme de son Conseil d'Administration.

Article 34

L'harmonisation des réglementations et le contrôle de l'activité bancaire sont exercés par la Commission Bancaire de l'Afrique Centrale.

Les dispositions de la Convention instituant ladite Commission constituent un acquis en vue de la réalisation des objectifs de l'Union Monétaire, rappelés à l'article 31 ci-dessus.

Article 36

TITRE IV

DISPOSITIONS DIVERSES ET FINALES

Pour l'application de la présente Convention, le régime des actes juridiques est celui prévu aux articles 16 et suivants de l'Additif au Traité de la C.E.M.A.C.

Article 36

Tout État membre peut soumettre à la Conférence des Chefs d'État des projets tendant à la révision de la présente Convention. Toute modification est adoptée à l'unanimité des États membres.

Article 37

En cas de non-respect, par un État membre, des engagements prévus à l'article 5 de la présente Convention, la Conférence des Chefs d'État peut constater, à l'unanimité des Chefs d'État des autres membres de l'Union Monétaire, le retrait de celui-ci.

Article 38

Dès l'entrée en vigueur de la présente Convention, les dispositions de celle-ci se substituent à celles de la Convention de Coopération Monétaire signée le 22 novembre 1972 entre la République du Tchad, la République du Cameroun, la République Centrafricaine, la République du Congo et la République Gabonaise et du Traité du 24 août 1984 relatif à l'adhésion de la Guinée Équatoriale Les droits et obligations de la Banque des États de l'Afrique Centrale ne seront pas, à l'égard des tiers, affectés par cette substitution.

Article 39

La présente Convention sera ratifiée par les Hautes Parties Contractantes en conformité avec leurs règles constitutionnelles respectives. Les instruments de ratification seront déposés auprès du Gouvernement de la République du Tchad qui en informera les autres États et leur en délivrera copie certifiée conforme.

La présente Convention entre en vigueur et s'applique sur le territoire de chacun des États signataires à compter du premier jour du mois suivant le dépôt de l'instrument de ratification de l'État signataire qui procédera le dernier à cette formalité. Toutefois, si le dépôt a lieu moins de quinze jours avant le début du mois suivant, l'entrée en vigueur de la Convention sera reportée au premier jour du deuxième mois suivant la date de ce dépôt.

ANNEXE 4

DÉCLARATION COMMUNE UMOA ET BEAC

Joint Declaration of the Chiefs of State and Heads of Government of the African Member Countries of the UMOA and BEAC Area

The Chiefs of State and Heads of the African Countries that are members of the West African Monetary Union (UMOA) Area and the Banque des États de l'Afrique Centrale (BEAC), meeting in Dakar on January 10-11, 1994, after a comprehensive analysis of the economic situation of member countries and the evolution of the adjustment process, have adopted the following joint declaration :

1. In view of the persistence external shocks, and in particular the steady deterioration of the terms of trade and the decline in the flow of external resources ;
2. Conscious of the major efforts undertaken by the States to reduce the domestic and external imbalances their countries have been facing since the early 1980s ;
3. In view of the meager results of internal adjustment after more than a decade ;
4. In their concern to improve the living standards and well-being of their populations ;
5. In the desire to impact new impetus to the States'adjustment process and to the resumption of productive investment in order to restore growth and creat jobs,

   The authorities of UMOA and BEAC member countries have decided to proceed with an overall adjustment of their economies.

   To this end, they have agreed to a change in the parity of the CFA franc, henceforward set at CFAF 100 per F 1 as of midnight on the morning of January 12, 1994.

   With this measure, which should significantly help the competitiveness of the member States' economies and create the conditions for rapidly restorint important domestic and external equilibria, the UMOA and BEAC authorities envisage the following :
6. improvement of living conditions for our populations ;

7. Establishment of a framework conducive of sustained and lasting growth ;
8. gradual reduction of unemployment, which currently affects the most active segments of our populations ;
9. boasting of exports ;
10. Return of flight capital ; and
11. Promotion of national savings.

The implementation of this new adjustment strategy for our economies will have the financial suppoprt of thr Bretton Woods institutions and of our partners in development , particularly France. This support will be reflected in the granting of concessional financing which will permit the following :

1. gradual settlement of the domestic debt ; and
2. appropriate treatment of the external debt with a view to a maximum reduction of the outstanding debt and debt service.

By their unanimous decision to adopt the joint measure, the authorities of the UMOA and BEAC membder countries intend to strengthen their political, economic, and monetary solidarity and reaffirm their commitment to the principles and stability that characterize the franc zone.

The Chiefs of State abd Heads of Government have further agreed to speed up their efforts on behalf of economic integration in their respective subregions, with a view to building upon enhanced competitiveness and increasing investment opportunities. They have thus agreed to meet twice a year to maintain the impetus needed to strengthen the integration process.

The Chiefs of State and Heads of Government express their appreciation to the Senegalese Government and people, and to President of the Republic Abdou Diouf in particular, for the warm, fraternal welcome extended to the various delegations, which made it possible to hold these historic meetings in an atmosphere of perfect solidarity.

Dakar, Januart 11, 1994

ANNEXE 5

LISTE INDICATIVE DES MONNAIES AFRICAINES

Pays	Date indépendance	Monnaie					Taux de change[81]
		Devise	Symbole monétaire ou nom local	Date de création	Code ISO	Régime de change (parité)	
Algérie	05 juillet 1962	Dinar algérien	Dinar	1er avril 1964	DZD	Flottant	1 Euro = 123, 14960 Dinars ; 1 Dinard = 0,00825 Euro
Egypte	28 février 1922	Livre égyptienne	Livre		EGP	Flottant	1Euro = 8, 24500 Livres ; 1 Livre = 0,11330 Euro
Maroc	07 avril (Espagne)/02 mai 1956 (France)	Dirham marocain	Dirham	1956	MAD	Flottant	1 Euro =10,46420 Dirhams ; 1 Dirham = 0,09034 Euro
Mauritanie	28 novembre 1960	Ouguiya	Ouguiya[82]	1973, puis 1er janvier 2018	MRU	Flottant	1eURO= 344,54300 Ouguiyas ; 1 Ouguiya = 0,00298
Tunisie	25 juillet 1957	Dinar tunisien	Dinar	1er novembre 1958	TND	Flottant	1Euro = 2,14370 Dinars ; 1 Dinar = 0,43350
Cap-Vert	05 juillet 1975	Escudo du Cap-Vert	Escudo	1975	CVE	Fixe[83]	1 Euro = 106,02400 Escudos ; 1 Escudo = 0,00872 Euro
Gambie	18 février 1965	Dalasi	Dalasi	1971	GMD	Flottant	1 Euro = 42,263150 Dalasis ; 1 Dalasi = 0,02272 Euro
Ghana	06 mars 1957	Cedi	Cedi/C, c	1965	GHC	Flottant	1 Euro = 4,1900 Cedis ; 1 Cedi = 0,22330 Euro
Guinée-Conakry	02 octobre 1958	Franc guinéen	F, franc	1960	GNF	Flottant	1 Euro = 8204,97000 Francs ; 1Franc = O,00012 Euro

[81] Taux relevé au 31 juillet 2016, sauf pour le Cap-Vert au 1er janvier 1999.

[82] La nouvelle Ouguiya date du 1er janvier 2018. Elle remplace l'ancienne qui avait cours depuis 1973. Ouguiya signifie once en arabe. 1 Euro = 42,32 Ouguiyas au 03 janvier 2018.

[83] Par rapport à l'Escudo portugais depuis le 05 juillet 1998, puis à l'Euro depuis 1999 : 1 Euro = 110,265 Escudos.

Liberia	26 juillet 1847	Dollar libérien	Dollar	1943	LRD	Flottant	1 Euro = 95,36270 Dollars ; 1 Dollar = 0,00991 Euro
Nigeria	1er octobre 1960	Naira	N, naira	1973	NGN	Flottant	1 Euro = 210,63500 Nairas ; 1 Naira = 0,00448 Euro
République démocratique du Congo (RDC)	30 juin 1960	Franc congolais	F, FC, franc	30 juin 1998	CDF	Flottant	1 Euro = 988,21000 Francs ; 1 Franc = 0,00097 Euro
Sao-Tomé et Principe	12 juillet 1975	Dobra	Dobra	1977	STD	Flottant	1Euro = 23542,80000 Dobras ; 1 Dobra = 0,00004 Euro
Madagascar	25 juin 1960	Ariary	Ariary	2003[84]	MGA	Flottant	1 Euro = 3412,83000 Ariarys ; 1 Ariary = 0,00028 Euro
Malawi	06 juillet 1964	Kwacha malawien	Kwacha	1971	MWK	Flottant	1 Euro = 719,62400 Kwachas ; 1 Kwacha = 0,00130 Euro
Kenya	12 décembre 1963	Shilling kenyan	Shilling	14 septembre 1966	KES	Flottant	1 Euro = 109,22900 Shillings ; 1 Shilling = 0,00877 Euro
Maurice	12 mars 1968	Roupie mauricienne	Roupie	1877	MUR	Flottant	1 Euro = 39,19640 Roupies ; 1 Roupie = 0,02545 Euro
Lesotho	04 octobre 1966	Loti	Loti, au pluriel maloti	1980	LST	Flottant	1 Euro = 17,60058 Maloti ; 1 Loti = 0,05259 Euro
Afrique du Sud	31 mai 1910/22 août 1934	Rand	R, rand	14 février 1961[85]	ZAR	Flottant	1 Euro = 17,60060 Rands ; 1 Rand = 0,05260
Angola	11 novembre 1975	Kwanza[86]	Kz, kwanza	2000	AOA	Flottant	1 Euro = 163,88500 Kwanzas ; 1 Kwanza = 0,00570 Euro

Source : commons.wikimedia.org/ Monnaies d'Afrique-baudelet.net

[84] En 1896, la monnaie locale l'ariary est remplacée par le franc français qui devient entre 1960 et 2003 le franc malgache. Depuis 2003, l'ariary redevient la seule appellation officielle de la monnaie de Madagascar.

[85] Rand : monnaie officielle de l'Afrique du Sud ; créée le 14 février 1961 lors du retrait du Commonwealth et de la fondation de la République d'Afrique du Sud.

[86] Kwanza : monnaie non convertible à l'extérieur (on ne doit pas sortir un seul kwanza du pays) ; la monnaie d'échange dans le pays est le $us ; en août 2015, 1 $US = 125 Kwanzas. 1 Kwanza pour 0,00570 Euro

ANNEXE 6

Extrait du livre de Pierre Péan, « L'HOMME DE L'OMBRE, Éléments d'enquête autour de Jacques Foccart, l'homme le plus mystérieux et le plus puissant de la Ve République », pages 264 et suivantes

<u>Naissance de la « Communauté africaine »</u>

Cotonou, 25-27 juillet 1958 : Congrès du Parti du Regroupement africain (P.R.A), dont la principale figure est le Sénégalais Léopold Sédar Senghor, chantre de la négritude, ancien condisciple et ami du directeur de cabinet du président du Conseil, Georges Pompidou ; ce Congrès adopte à l'unanimité trois points qui constituent les étapes du processus prôné par ce parti :

- indépendance immédiate des peuples d'Afrique noire et inscription de cette reconnaissance dans la Constitution ;

- unification de l'Afrique noire par la constitution d'une fédération africaine ;

- la « Communauté africaine », solide et progressiste, négociant avec la France la construction d'une confédération multinationale de peuples libres et égaux.

Réaction de Jacques Foccart qui n'apprécie pas les points adoptés à Cotonou à fin juillet 1958. Il écrit dans sa Lettre à l'Union française : « A-t-on bien mesuré les conséquences de certains propos tenus à la tribune et mis à l'intérieur du mot « indépendance » tout ce qu'il comporte de réalités et de responsabilités austères ? Et si l'on s'en tient à l'imagerie facile ou à la magie des formules, s'est-on rendu compte de ce que signifient l'indépendance dans la misère et l'ignorance, les apparences de l'indépendance sous le contrôle de puissances économiques qui ne reconnaissent point de responsabilités morales ?... Quant à nous, nous mettons en garde nos amis d'Afrique contre leur propension à conduire leur continent vers « libéralisation » dont l'exemple, à bien des égards fâcheux, se trouve à leur porte... ». Le général de Gaule se dit persuadé que « la vieille et solide Afrique des groupements coutumiers », est d'accord avec les choix de Foccart. [(D'où cette déclaration du général le 8 août 1958 devant le Comité constitutif constitutionnel. « […] Bien entendu, à un certain moment, et je le comprends, on peut avoir envie de la sécession. Elle impose des devoirs. Elle comporte des dangers. L'indépendance a ses charges. Le référendum vérifiera si partant, en partout, en Afrique, l'idée de sécession l'emporte ou non […] Mais on ne peut concevoir un territoire indépendant et une France qui continuerait à l'aider. Le gouvernement tirera les conséquences économiques, ou autres, que comportera la manifestation d'une telle volonté. Une réponse affirmative au référendum sera au contraire un refus de la sécession. […] On dit « fédération », « confédération ». C'est une querelle de vocabulaire. Je dis, moi, fédération, et nous nous en tenons là… ».

Discours de Sékou Touré, président de Guinée-Conakry, à l'accueil du général de Gaulle en tournée : « Nous ne renoncerons pas et nous ne renoncerons jamais à notre droit légitime et naturel à l'indépendance […] Nous préférons la pauvreté dans la liberté à la richesse dans l'esclavage… ».

En dehors du **non** guinéen, guinéen, l'Afrique noire et Madagascar votent **oui** au référendum. Le **non** guinéen aura contribué à obérer le « grand dessein » gaullien. Le ver est dans le fruit, les Africains vont vite déchanter : ils n'ont pas droit au chapitre dans tous les choix essentiels de la Communauté ; même si Paris ne cache pas son hostilité vis-à-vis de la Guinée, il respecte plus Sékou Touré, dont la popularité grandit au fil du temps, que ceux qui ont « bien » voté.

Ficelés juridiquement par la nouvelle Constitution, les anciens territoires d'outre-mer se retrouvent bientôt corsetés sur les plans économique et financier. En juin 1959, le général annonce diverses décisions : l'union monétaire, la libre convertibilité, la réglementation commune des changes, le pool commun des devises. Autrement dit, **la France garde pour elle seule un des attributs essentiels de la souveraineté : la faculté de battre monnaie**.

Les nouveaux États ont certes la garantie de conserver ainsi une bonne monnaie en cas de difficultés économiques, mais pour la France, les avantages sont considérables. Elle peut effectuer des achats de matières premières indispensables en francs français, sans avoir à subir les fluctuations du marché mondial des devises. La zone franc favorise les sociétés commerciales et les investisseurs français et dresser au contraire d'importants obstacles devant leurs concurrents étrangers.

Officiellement, jamais le nom de Foccart n'apparaît dans la mise au point de ce système qui permet à la France de conserver ses avantages impérieux. Pourtant, un acteur économique de premier plan André Poste-Vinay, longtemps grand argentier de l'Afrique (en tant que directeur de la Caisse centrale de Coopération économique), affirme qu'il a joué un rôle essentiel dans son élaboration. Mais il et vrai qu'en première ligne, c'est Raymond Janot, secrétaire général de la Communauté, qui fait officiellement tourner la machine, attirant sur lui l'animosité d'Houphouët-Boigny, irrité par son rôle d'intermédiaire dans les relations des chefs d'Etat africains avec de Gaulle.

Au début de l'année 1959, quelques jours après que la Guinée est admise à l'O.N.U., en dépit de l'instruction de la France, Jacques Foccart – avec l'aval de de Gaulle – entreprend de « punir » Sékou Touré qui, par son attitude, a dangereusement compromis les chances de la Communauté. Il est désormais présenté comme un dangereux communiste, doublé d'un mythomane. « La Guinée paraît aujourd'hui un exemple frappant de la manière dont les communistes peuvent dominer un pays sans coup férir, et l'on peut craindre qu'elle ne soit prise dans tant de liens qu'elle ne pourrait se dégager si elle le voulait », écrit la Revue de défense nationale en juillet 1960.

ANNEXE 7

ACTE CONSTITUTIF DE L'UNION AFRICAINE

COPIE CERTIFIÉE

Signature

Conseiller Juridiquc dc l'OUA

ACTE CONSTITUTIF DE L'UNION AFRICAINE

Nous, Chefs d'État et de Gouvernement des États membres de l'Organisation de l'Unité Africaine (OUA)

1. Le Président de la République d'Afrique du Sud

2. Le Président de la République Algérienne Démocratique et Populaire

3. Le Président de la République d'Angola

4. Le Président de la République du Bénin

5. Le Président de la République du Botswana

6. Le Président du Burkina Faso

7. Le Président de la République du Burundi

8. Le Président de la République du Cameroun

9. Le Président de la République du Cap Vert

10. Le Président de la République Centrafricaine

11. Le Président de la République Fédérale Islamique de Comores

12. Le Président de la République du Congo

13. Le Président de la République de Côte d'Ivoire

14. Le Président de la République de Djibouti

15. Le Président de la République Arabe d'Egypte

16. Le Premier Ministre de la République Fédérale et Démocratique d'Éthiopie

17. Le Président de l'État d'Érythrée

18. Le Président de la République Gabonaise

19. Le Président de la République de Gambie

20. Le Président de la République du Ghana

21. Le Président de la République de Guinée

22. Le Président de la République de Guinée-Bissau

23. Le Président de la République de Guinée Equatoriale

24. Le Président de la République du Kenya

25. Le Premier Ministre du Royaume du Lesotho

26. Le Président de la République du Libéria

27. Le Guide de la Révolution du 1er septembre de la Grande Jamahiriya Arabe Libyenne Populaire et Socialiste

28. Le Président de la République de Madagascar

29. Le Président de la République du Malawi

30. Le Président de la République du Mali

31. Le Premier Ministre de la République de Maurice

32. Le Président de la République Islamique de Mauritanie

33. Le Président de la République du Mozambique

34. Le Président de la République de Namibie

35. Le Président de la République du Niger

36. Le Président de la République Fédérale du Nigeria

37. Le Président de la République Ougandaise

38. Le Président de la République Rwandaise

39. Le Président de la République Démocratique du Congo

40. Président de la République Arabe Sahraouie Démocratique

41 Le Président de la République de Sao Tome & Principe

42. Le Président de la République du Sénégal

43. Le Président de la République des Seychelles

44. Le Président de la République de Sierra Léone

45. Le Président dc la République de Somalie

46. Le Président de la République du Soudan

47. Le Roi du Swaziland

48. Le Président de la République Unie de Tanzanie

49. Le Président de la République du Tchad

50. Le Président de la République Togolaise

51. Le Président de la République de Tunisie

52. Le Président de la République de Zambie

53. Le Président de la République du Zimbabwe

Inspirés par les nobles idéaux qui ont guidé les pères fondateurs de notre Organisation continentale et des générations de panafricanistes dans leur détermination à promouvoir l'unité, la solidarité, la cohésion et la coopération entre les peuples d'Afrique, et entre les Etats africains ;

Considérant les principes et les perspectives énoncés dans la Charte de l'Organisation de l'Unité Africaine et le Traité instituant la Communauté économique africaine ;

Rappelant les luttes héroïques menées par nos peuples et nos pays pour l'indépendance politique, la dignité humaine et l'émancipation économique ;

Considérant que depuis sa création, l'Organisation de l'Unité Africaine a joué un rôle déterminant et précieux dans la libération du continent, l'affirmation d'une identité commune et la réalisation de l'unité de notre continent, et a constitué un cadre unique pour notre action collective en Afrique et dans nos relations avec le reste du monde ;

Résolus à relever les défis multiformes auxquels sont confrontés notre continent et nos peuples, à la lumière des changements sociaux, économiques et politiques qui se produisent dans le monde.

Convaincus de la nécessité d'accélérer le processus de mise en œuvre du Traité instituant la Communauté économique africaine afin de promouvoir le développement socio-économique de l'Afrique et de faire face de manière plus efficace aux défis de la mondialisation ;

Guidés Par notre vision commune d'une Afrique unie et forte, ainsi que par la nécessité d'instaurer un partenariat entre les gouvernements et toutes les composantes de la société civile, en particulier les femmes, les jeunes et le secteur privé, afin de renforcer la solidarité et la cohésion entre nos peuples ;

Conscients du fait que le fléau des conflits en Afrique constitue un obstacle majeur au développement socio-économique du continent, et de la nécessité de promouvoir la paix, la sécurité et la stabilité, comme condition préalable à la mise en œuvre de notre agenda dans le domaine du développement et de l'intégration ;

Résolus à promouvoir et à protéger les droits de l'homme et des peuples, à consolider les institutions et la culture démocratique, à promouvoir la bonne gouvernance et l'Etat de droit ;

Résolus également à prendre toutes les mesures nécessaires pour renforcer nos institutions communes et à les doter des pouvoirs et des ressources nécessaires afin de leur permettre de remplir efficacement leurs missions ;

Rappelant la Déclaration que nous avons adoptée lors de la quatrième session extraordinaire de notre Conférence à Syrte, en Grande Jamahiriya libyenne populaire socialiste, le 9.9.99, et par laquelle nous avons décidé de créer l'Union africaine, conformément aux objectifs fondamentaux de la Charte de l'Organisation de l'Unité Africaine (OUA) et du Traité instituant la Communauté économique africaine ;

SOMMES CONVENUS DE CE QUI SUIT :

Article Premier

Définitions

Dans le présent acte constitutif, on entend par :

« Acte », le présent acte constitutif ;

« AEC », la Communauté économique africaine ;

« Charte », la Charte de l'OUA ;

« **Comité** », un comité technique spécialisé ;

« **Commission »,** le Secrétariat de l'Union ;

« **Conférence »,** la Conférence des Chefs d'Etat et de Gouvernement de l'Union ;

« **Conseil »,** le Conseil économique, social et culturel de l'Union ;

« **Conseil exécutif »,** le conseil exécutif des Ministres de l'Union ;

« **Cour »,** la Cour de justice de l'Union ;

« **Etat membre »,** un Etat membre de l'Union ;

« **OUA »,** l'Organisation de l'Unité Africaine ;

« **Parlement »,** le Parlement panafricain de l'Union ;

« Union », l'Union africaine créée par le présent Acte constitutif.

Article 2

Institutions de l'Unité africaine

Il est institué par les présentes une Union africaine conformément aux dispositions du présent Acte constitutif.

Article 3

Objectifs

Les objectifs de l'Union sont les suivants :(a) réaliser une plus grande unité et solidarité entre les pays africains et entre les peuples d'Afrique ;

1. Défendre la souveraineté, l'intégrité territoriale et l'indépendance de ses Etats membres ;
2. Accélérer l'intégration politique et socio-économique du continent ;
3. Promouvoir et défendre les positions africaines communes sur les questions d'intérêt pour le continent et ses peuples ;
4. Favoriser la coopération internationale en tenant dûment compte de la Charte des Nations Unies et de la Déclaration des Droits de l'homme ;
5. Promouvoir la paix, la sécurité et la stabilité sur le continent ;
6. Promouvoir les principes et les institutions démocratiques, la participation populaire et la bonne gouvernance ;

7. Promouvoir et protéger les droits de l'homme et des peuples et aux autres instruments pertinents relatifs aux droits de l'homme ;
8. Créer les conditions appropriées permettant au continent de jouer le rôle qui est le sien dans l'économie mondiale et dans les négociations internationales ;
9. Promouvoir le développement durable aux plans économique, social et culturel, ainsi que l'intégration des économies africaines ;
10. Promouvoir la coopération et le développement dans tous les domaines de l'activité humaine en vue de relever le niveau de vie des peuples africains ;
11. Coordonner et harmoniser les politiques entre les Communautés économiques régionales existantes et futures en vue de la réalisation graduelle des objectifs de l'Union ;
12. Accélérer le développement du continent par la promotion de la recherche dans tous les domaines en particulier en science et en technologie ;
13. Œuvrer de concert avec les partenaires internationaux pertinents en vue de l'éradication des maladies évitables et de la promotion de la santé sur le continent.

Article 4
Principes

L'Union africaine fonctionne conformément aux principes suivants :

1. Egalité souveraine et interdépendance de tous les Etats membres de l'Union ;
2. Respect des frontières existant au moment de l'accession à l'indépendance ;
3. Participation des peuples africains aux activités de l'Union ;
4. Mise en place d'une politique de défense commune pour le continent africain ;
5. Règlement pacifique des conflits entre le Etats membres de l'Union par les moyens appropriés qui peuvent être décidés par la Conférence de l'Union ;
6. Interdiction de recourir ou de menacer de recourir à la force entre les Etats membres de l'Union ;
7. Non-ingérence d'un Etat membre dans les affaires intérieures d'un autre Etat membre ;
8. Le droit de l'Union d'intervenir dans un Etat membre sur décision de la Conférence dans certaines circonstances graves, à savoir : les crimes de guerre, le génocide et les crimes contre l'humanité ;

9. Coexistence pacifique entre les Etats membres de l'Union et leur droit de vivre dans la paix et la sécurité ;
10. Droit des Etats membres de solliciter l'intervention de l'Union pour restaurer la paix et la sécurité ;
11. Promotion de l'auto-dépendance collective, dans le cadre de l'Union ;
12. Promotion de l'égalité entre les hommes et les femmes :
13. Respect des principes démocratiques, des droits de l'homme, de l'état de droit et de la bonne gouvernance ;
14. Promotion de la justice sociale pour assurer le développement économique équilibré ;
15. Respect du caractère sacro-saint de la vie humaine et condamnation et rejet de l'impunité, des assassinats politiques, des actes de terrorisme et des activités subversives ;
16. Condamnation et rejet des changements anticonstitutionnels de gouvernement.

Article 5
Organes de l'Union

1. Les organes de l'Union sont les suivants :

(a) la Conférence de l'Union ;

(b) le Conseil exécutif ;

(c) le Parlement panafricain ;

(d) la Cour de justice ;

(e) la Commission ;

(f) le Comité des représentants permanents ;

(g) les Comités techniques spécialisés ;

(h) le Conseil économique, social et culturel ;

(i) les Institutions financières.

2. La Conférence peut décider de créer d'autres organes.

Article 6

La Conférence

1. La Conférence est composée des Chefs d'État et de Gouvernement ou de leurs représentants dûment accrédités.

2. La Conférence est l'organe supérieur de l'Union.

3. La Conférence se réunit au moins une fois par an en session ordinaire. À la demande d'un État membre et sur approbation des deux tiers des États membres, elle se réunit en session extraordinaire.

4. La présidence de la Conférence est assurée pendant un an par un Chef d'État et de Gouvernement élu, après consultation entre les États membres.

Article 7

Décisions de la Conférence

1. La Conférence prend ses décisions par consensus ou à défaut, à la majorité des deux tiers des membres de l'Union. Toutefois, les décisions de procédure, y compris pour déterminer si une question est de procédure ou non, sont prises à la majorité simple.

2. Le quorum est constitué des deux tiers des États membres pour toute session de la Conférence.

Article 8

Règlement intérieur de la Conférence

La Conférence adopte son propre règlement intérieur.

Article 9

Pouvoirs et attributions de la Conférence

1. Les pouvoirs et attributions de la Conférence sont les suivants :

(a) définir les politiques communes de l'Union ;

(b) recevoir, examiner et prendre des décisions sur les rapports et les recommandations des autres organes et prendre des décisions à ce sujet ;

(c) examiner les demandes d'adhésion à l'Union ;

(d) créer tout organe de l'Union ;

(e) assurer le contrôle de la mise en œuvre des politiques et décisions de l'Union et veiller à leur application par tous les États membres ;

(f) adopter le budget de l'Union ;

(g) donner des directives au Conseil exécutif sur la gestion des conflits, des situations de guerre et autres situations d'urgence ainsi que sur la restauration de la paix ;

(h) nommer, et mettre fin aux fonctions de de la Cour de justice ;

(i) nommer le Président, le ou les vice-présidents et les commissaires de la Commission, et déterminer leurs fonctions et leurs mandats.

2. La Conférence peut déléguer certains de ses pouvoirs et attributions à l'un ou l'autre des organes de l'Union.

Article 10

Le Conseil exécutif

1. Le Conseil exécutif est composé des Ministres des Affaires étrangères ou de tous autres ministres et autorités désignés par les gouvernements des États membres.

2. Le Conseil exécutif se réunit en session ordinaire au moins deux fois par an. Il se réunit aussi en session extraordinaire à la demande d'un Etat membre et sous réserve de l'approbation des deux tiers de tous les États membres.

Article 11

Décision du Conseil exécutif

1. Le Conseil exécutif prend ses par consensus, ou à défaut, à la majorité des deux tiers des États membres de l'Union. Toutefois, les décisions de procédure, y compris pour déterminer si une question est de procédure ou non, sont prises à la majorité simple.

2. Le quorum est constitué des deux tiers de tous les Etats membres pour toute session du Conseil exécutif.

Article 12

Règlement intérieur du Conseil exécutif

Le Conseil exécutif adopte son propre Règlement intérieur.

Article 13

Attributions du Conseil exécutif

1. Le Conseil exécutif assure la coordination et décide des politiques dans les domaines d'intérêt communs pour les Etats membres, notamment les domaines suivants :

(a) commerce extérieur ;

(b) énergie, industrie et ressources minérales ;

(c) alimentation, agriculture, ressources animales, élevage et forêts ;

(d) ressource en eau et irrigation ;

(e) protection de l'environnement, action humanitaire et réaction et secours en cas de catastrophe ;

(f) transports et communications ;

(g) assurances ;

(h) éducation, culture et santé et mise en valeur des ressources humaines ;

(i) science et technologie ;

(j) nationalité, résidence des ressortissants étrangers et questions d'immigration ;

(k) sécurité sociale et élaboration de politiques de protection de la mère et de l'enfant, ainsi que des politiques en faveur des personnes handicapées ;

(l) institution d'un système de médailles et de prix africains.

2. Le Conseil exécutif est responsable devant la Conférence. Il se réunit pour examiner les questions dont il est saisi et contrôler la mise en œuvre des politiques arrêtées par la Conférence.

3. Le Conseil exécutif peut déléguer tout ou partie de ses pouvoirs et attributions mentionnés au paragraphe 1 du présent article aux Comités techniques spécialisés créés aux termes de l'article 14 du présent Acte.

Article 14

Les Comités techniques spécialisés

Création et composition

1. Sont créés les Comités techniques spécialisés suivants, qui sont responsables devant le Conseil exécutif :

(a) le Comité chargé des questions d'économie rurale et agricoles ;

(b) le Comité chargé des affaires monétaires et financières ;

(c) le Comité chargé des affaires commerciales, douanières et d'immigration ;

(d) le Comité chargé de l'industrie, de la science et de la technologie, de l'énergie, des ressources naturelles et de l'environnement ;

(e) le Comité chargé des transports, des communications et du tourisme ;

(f) le Comité chargé de la santé, du travail et des affaires sociales ;

(g) le Comité chargé de l'éducation, de la culture et des ressources humaines.

2. La Conférence peut, si elle le juge nécessaire, restructurer les Comités existants ou en créer de nouveaux.

3. Les Comités techniques spécialisés sont composés des ministres ou des hauts fonctionnaires chargés des secteurs relevant de leurs domaines respectifs de compétence.

Article 15

Attributions de Comités techniques spécialisés

Chacun des Comités, dans le cadre de sa compétence a pour mandat de ;

(a) préparer des projets et programmes de l'Union et les soumettre au Conseil exécutif ;

(b) assurer le suivi et l'évaluation de la mise en œuvre des décisions prises par les organes de l'Union ;

(c) assurer la coordination et l'harmonisation des projets et programmes de l'Union ;

(d) présenter des rapports et des recommandations au Conseil exécutif, soit de sa propre initiative, soit à la demande du Conseil exécutif, sur l'exécution des dispositions du présent Acte ; et

(e) s'acquitter de toute tâche, qui pourrait lui être confiée en application des dispositions du présent Acte.

Article 16

Réunions

Sous réserve des directives qui peuvent être données par le Conseil exécutif, chaque Comité se réunit aussi souvent que nécessaire et établit son Règlement intérieur qu'il soumet au Comité exécutif pour approbation.

Article 17

Le Parlement panafricain

1. En vue d'assurer la pleine participation des peuples africains au développement et à l'intégration économique du continent, il est créé un Parlement panafricain.

2. La composition, les pouvoirs, les attributions et l'organisation du Parlement panafricain sont définis dans un protocole y afférent.

Article 18

Cour de justice

1. Il est créé une Cour de justice de l'Union.

2. Les statuts, la composition, les pouvoirs de la Cour de justice sont définis dans un protocole y afférent.

Article 19

Les institutions financières

L'Union africaine est dotée des institutions suivantes dont les statuts sont définis dans des protocoles y afférents :

(a) la Banque centrale africaine ;

(b) le Fonds monétaire africain ;

(c) la Banque africaine d'investissement.

Article 20

La Commission

1. Il est créé une Commission qui est le Secrétariat de l'Union.

2. La Commission est composée du Président, du ou des vice-présidents et des commissaires. Ils sont assistés par le personnel nécessaire au bon fonctionnement de la Commission.

3. La structure, les attributions et les règlements de la Commission sont déterminés

Article 21

Comité des représentants permanents

1. Il est créé, auprès de l'Union, un Comité des représentants permanents. Il est composé de représentants permanents et autres plénipotentiaires des Etats membres.

2. Le Comité des représentants permanents est responsable de la préparation des travaux du Conseil exécutif et agit sur instruction du Conseil. Il peut instituer tout sous-comité ou groupe de travail qu'il juge nécessaire.

Article 22

Le Conseil économique, social et culturel

1. Le Conseil économique, social et culturel et un organe consultatif auprès des représentants des différentes couches socio-professionnelles des Etats membres de l'Union.

2. Les attributions, les pouvoirs, la composition et l'organisation du Conseil économique, social et culturel sont déterminés par la Conférence.

Article 23

Imposition des sanctions

1. La Conférence détermine comme suit les sanctions appropriées à imposer à l'encontre de tout Etat membre qui serait en défaut de paiement de ses contributions au budget de l'Union : privation du droit de prendre la parole aux réunions, droit de vote, droit pour les ressortissants de l'Etat membre d'occuper un poste ou une fonction au sein des organes de l'Union, de bénéficier de toute activité ou de l'exécution de tout engagement dans le cadre de l'Union.

2. En outre, tout Etat membre qui ne se conformerait pas aux décisions et politiques de l'Union peut être frappé de sanctions notamment en matière

de liens avec les autres Etats membres dans le domaine des transports et communications, et de toute autre mesure déterminée par la Conférence dans les domaines politique et économique.

Article 24

Siège de l'Union

1. Le siège de l'Union est à Addis-Abeba (République fédérale démocratique d'Ethiopie).

2. La Conférence peut, sur recommandation du Conseil exécutif, créer des bureaux ou des représentations de l'Union.

Article 25

Langues de travail

Les langues de travail de l'Union et de toutes ses institutions sont, si possible, les langues africaines ainsi que l'arabe, l'anglais, le français et le portugais.

Article 26

Interprétation

La Cour est saisie de toute question née de l'interprétation ou de l'application du présent Acte. Jusqu'à la mise en place de celle-ci, la question est soumise à la Conférence qui tranche à la majorité des deux tiers.

Article 27

Signature, ratification et adhésion

1. Le présent acte est ouvert à la signature et à la ratification des Etats membres de l'OUA, conformément à leurs procédures institutionnelles respectives.

2.Les instruments de ratification sont déposés auprès du Secrétaire général de l'OUA.

3. Tout Etat membre de l'OUA peut adhérer au présent acte après son entrée en vigueur, en déposant en déposant ses instruments d'adhésion auprès du Président de la Commission.

Article 28

Entrée en vigueur

Le présent Acte entre en vigueur trente (30) jours après le dépôt des instruments de ratification par les deux tiers des Etats membres de l'OUA.

Article 29

Admission comme membre de l'Union

1. Tout Etat africain peut, à tout moment après l'entrée en vigueur du présent Acte, notifier au Président de la Commission son intention d'adhérer au présent Acte et d'être admis comme membre de l'Union.

2. Le Président de la Commission, dès réception d'une telle notification, en communique copies à tous les Etats membres. L'admission est décidée à la majorité simple des Etats membres. La décision de chaque État membre est transmise au Président de la Commission qui communique la décision à l'Etat intéressé, après réception du nombre de voix requis.

Article 30

Suspension

Les Gouvernements qui accèdent au pouvoir par des moyens anticonstitutionnels ne sont pas admis à participer aux activités de l'Union.

Article 31

Cessation de la qualité de membre

1. Tout Etat qui désire se retirer de l'Union en notifie par écrit le Président de la Commission qui en informe les Etats membres. Une année après ladite notification, si celle-ci n'est pas retirée, le présent Acte cesse de s'appliquer à l'État concerné qui, de ce fait, cesse d'être membre de l'Union.

2. Pendant la période d'un an visée au paragraphe 1 du présent article, tout Etat membre désireux de se retirer de l'Union doit se conformer aux dispositions du présent Acte et reste tenu de s'acquitter de ses obligations aux termes du présent Acte jusqu'au jour de son retrait.

Article 32

Amendement et révision

1. Tout État membre peut soumettre des propositions d'amendement ou de révision du présent Acte.

2. Les propositions d'amendement ou de révision sont soumises au Président de la Commission qui en communique copies aux Etats membres dans les trente (30) jours suivant la date de réception.

3. La Conférence de l'Union, sur avis du Conseil exécutif, examine ces propositions dans un délai d'un an suivant la notification des Etats membres conformément aux dispositions du paragraphe (2) du présent Acte.

4. Les amendements ou révisions sont adoptés par la Conférence de l'Union par consensus, ou à défaut, à la majorité des deux tiers, et soumis à la ratification de tous les États membres, conformément à leurs procédures constitutionnelles respectives. Les amendements ou révisions entrent en vigueur trente (30) jours après le dépôt, auprès du Président de la Commission exécutive, des instruments de ratification par les deux tiers des Etats membres.

Article 33

Arrangements transitoires et dispositions finales

1. Le présent Acte remplace

La Charte de l'Organisation de l4unité Africaine. Toutefois, ladite Charte reste en vigueur pendant une période transitoire n'excédant pas un an ou tout autre délai déterminé par la Conférence après l'entrée en vigueur du présent Acte, pour permettre à l'OUA/AEC de prendre les mesures appropriées pour le transfert de ses prérogatives, de ses biens, de ses droits et de ses obligations à l'Union et de régler toutes les questions y afférentes.

2. Les dispositions du présent Acte ont également préséance et remplacent les dispositions du Traité d'Abuja instituant la Commission économique africaine, qui pourraient être contraires au présent Acte.

3. Dès l'entrée en vigueur du présent Acte, toutes les mesures appropriées sont prises pour mettre en place les organes prévus par le présent Acte, conformément aux directives ou décisions qui pourraient être adoptées à

cet égard par les États Parties au présent Acte, au cours de la période de transition stipulée ci-dessus.

4. En attendant la mise en place de la Commission, le Secrétariat général de l'OUA est le Secrétariat intérimaire de l'Union.

5. Le présent Acte, établi en quatre (4) exemplaires originaux en arabe, anglais, français et portugais, les quatre (4) faisant également foi, est déposé auprès du Secrétaire général et, après son entrée en vigueur, auprès du Président de la Commission qui en transmet une copie certifiée conforme au Gouvernement de chaque État signataire. Le Secrétaire général de l'OUA et le Président de la Commission notifient à tous les États signataires, les dates de dépôt des instruments de ratification et d'adhésion, et l'enregistrent, dès son entrée en vigueur, auprès du Secrétariat général des Nations Unies.

EN FOI DE QUOI, NOUS avons adopté le présent Acte.

Fait à Lomé (Togo), le 11 juillet 2000

Principaux sigles et acronymes

AFD : Agence française de développement

Agenda 2063, The Africa we want : Il s'agit du plan directeur dont l'ambition est de faire de l'Afrique la locomotive mondiale de l'avenir. Cadre stratégique de développement inclusif et durable de l'Afrique, l'Agenda 2063 traduit la volonté panafricaine d'unité, d'autodétermination, de liberté, de progrès et de prospérité collective. L'Agenda 2063 incarne le panafricanisme cher aux pères fondateurs de l'OUA, ainsi que la renaissance africaine.

BAD : Banque africaine de développement

Bâle III : en matière bancaire, à la suite de Bâle I et Bâle II, Bâle III traduit la nécessité d'une intervention coordonnée des régulateurs internationaux : c'est l'ensemble des règles prudentielles de l'activité des banques. Il s'agit d'une réforme qui fait partie des initiatives impulsées par le Conseil de stabilité financière et du G20 ( ), notamment à la suite de la crise financière de 2007-2008 du fait des « subprimes ». Les accords de Bâle III ont été approuvés le 16 décembre 2020 par le Comité de Bâle

BCEAO : Banque centrale des États de l'Afrique de l'Ouest

BEAC : Banque des États de l'Afrique centrale

CFA : ce sigle a évolué dans sa signification en allant de « Colonies Françaises d'Afrique » le 26 décembre 1945, jour où la France ratifie les accords de Bretton Woods et procède à sa première déclaration de parité au Fonds monétaire international (FMI) ; il est devenu en 1958 « Communauté Française d'Afrique » ; pour devenir enfin (a)« Communauté Financière en Afrique » pour l'Union monétaire ouest-africaine » et (b) « Coopération Financière en Afrique centrale » pour l'Union monétaire d'Afrique centrale.

Chrématistique : l'art d'acquérir la monnaie

Credit easing : assouplissement des conditions de crédit, aux fins notamment pour la Banque centrale d'acquérir des titres de dette privée.

Cryptomonnaie : monnaie numérique émise de pair-à-pair sans nécessité de banque centrale, utilisable au moyen d'un réseau informatique décentralisé.

« Courbe en J » (ou en J inversé) : c'est une représentation graphique qui décrit un effet non-linéaire, notamment un phénomène de détériorations initiale suivi d'un redressement source d'amélioration de l'état initial.

EAC : East African Community

ECOWAS : Economic Community of West African States

L'« helicopter » money : mécanisme de création monétaire permanente pratiquée par la Banque centrale, lui permettant ainsi d'injecter directement de la monnaie dans l'économie dans le respect des principes règlementaires.

IDA : International Development Association (soit AID : Agence Internationale de développement, un des guichets du groupe de la Banque mondiale).

Les « trente glorieuses » : période historique d'environ trente années – d'où l'expression 'trente glorieuses'-- entre la fin de la Seconde Guerre mondiale (1944 ou 1945) et le premier choc pétrolier de 1973, qui a provoqué la crise de l'économie mondiale. Nous devons cette appellation à l'économiste français Jean Fourastié (1907-1990) dans son livre (« Les Trente Glorieuses ou la révolution invisible de 1946 à 1975 »).

OPCVM : Organisme de placement collectif en valeurs mobilières. C'est un organisme financier susceptible de recevoir le capital d'un particulier aux fins d'investissement sur les marchés financiers Les frais et les plus-values, ainsi que le risque sont répartis de manière collective, d'où le caractère avantageux de l'OPCVM qui devrait le rendre attractif auprès des épargnants.

« Open market » : Dans la mise en œuvre de la politique monétaire, les banques centrales peuvent recourir à l'instrument (opérations d'open market, soit en anglais Open Market Operations) d'open market avec pour objectif de réduire le taux d'intérêt à court terme ou d'accroître la masse monétaire. Les opérations d'open market donnent lieu à l'achat et la vente « fermes » de titres, notamment publics (bons du Trésor) par la banque centrale sur le marché interbancaire. Par ce biais, les banques peuvent se fournir en monnaie en échange des titres qu'elles détiennent.

PAL : Plan d'Action de Lagos, adopté en 1980 par l'Organisation de l'Unité africaine (OUA), visant à ne pas compter sur la charité des pays du Nord pour construire un modèle productif.

Seigneuriage : capacité pour une Banque centrale de « prélever des ressources réelles » du fait de son monopole de création monétaire.

Système de Peruzzi : montage financier frauduleux consistant à rémunérer les souscripteurs, non pas par le fruit des investissements ou des placements, mais par les fonds procurés par les nouveaux clients.

ZLÉCAf : zone de libre-échange continentale africaine

Bibliographie

[1] Agbohou Nicolas, (**1999**), *Le franc CFA et l'euro contre l'Afrique*, Solidarité mondiale A.S., Paris.

[2] BANQUE DE France, CONSEIL NATIONAL DE CREDIT, (**juillet 1981**), *La monnaie en 1980*, Banque de France.

[3] Banque internationale pour la reconstruction et le développement/Banque mondiale, (**1989**), *L'Afrique subsaharienne De la crise à une croissance durable Étude et prospective à long terme*, Banque mondiale

[4] Banque internationale pour la reconstruction et le développement/BANQUE MONDIALE, (**1994**), *L'AJUSTEMENT EN AFRIQUE*, Réformes, Résultats et Chemin à parcourir

[5] Belletante Bernard, (**1987**), LA BOURSE, *temple de la spéculation ou marché financier ?* 3e édition, Collection J. Brémond, HATIER.

[6] Brilman Jean, (**1993**), *Les clés de la relance*, Dunod, Paris.

[7] Brovelli Jean-Pierre et Simon Claude, (**2015**), *Stop au mirage de la croissance*, Collectif Roosevelt/Les Editions de l'Atelier/Les Editions Ouvrières.

[8] Cahiers français n°286, (**mai-juin 1998**), *Les indicateurs économiques en question.*

[9] Cahiers français n°297, (**juillet-août 2000**), *Monnaie et politique monétaire.*

[10] Cappanera F. Directeur général des Services Etrangers de la Banque de France, (**1990**), *LA ZONE FRANC*, RAPPORT 1990, Secrétariat du Comité monétaire de la zone Franc.

[11] Delage Alain et Massiera Alain, (**1994**), *Le franc CFA Bilan et perspectives*, Éditions L'Harmattan, Paris.

[12] Dent Harry, (**1993**), *Le grand boom de 1994 La reprise du siècle démarre demain.* Comment vous y préparer sur les plans personnel et professionnel, Éditions générales FIRST.

[13] Dumont René et Mottin Marie-France, (**1982**), *L'Afrique étranglée*, Editions du Seuil.

[14] EUROPEAN COMMITTEE OF BALANCE SHEET OFFICES OWN FUNDS WORKING GROUP, (**2000**), *Corporate finance in Europe from 1986 to 1996*, European Committee

[15] EUROPEAN COMMITTEE OF BALANCE SHEET OFFICES OWN FUNDS WORKING GROUP, (**2000**), *Equity of European industrial Corporations*, European Committee

[16] FINANCE & Development, (**March 1997**), Global Money, *A quarterly publication of the international Monnetay Fund and the World Bank*, Washington, D. C.

[17] Fonds monétaire international, (1996) Ajustement budgétaire : principes directeurs, Série des brochures N°49-F, Washington, D.C.

[18] Fonds monétaire international, (1996) Les dépenses publiques improductives, Analyse pragmatique de l'action des pouvoirs publics, Série des brochures N°48-F, Washington, D.C.

[19] Foucher Gérard, (**2013**), *Les secrets de la monnaie, changer la monnaie pour changer le monde*, Editions Yves Michel.

[20] GHOSH R. Atish, GULDE Ann-Marie, OSTRY D. Jonathan, WOLF Holger, (**1996**), *Does the Exchange Rate Regime Matter for Inflation and Growth ?* International Monetary Fund, Washington, D. C.

[21] Godeau Rémi, (**1995**), *Le franc CFA Pourquoi la dévaluation de 1994 a tout changé*, Éditions Sépia.

[22] GOREUX M. Louis, (**1995**), *La dévaluation du franc CFA, un premier bilan en décembre 1995*, Consultant de la Banque mondiale, Washington, D.C., U.S.A.

[23] Grjebine André, (**2015**), *La dette publique et comment s'en débarrasser ; Désendetter les Etats européens sans compromettre la croissance, c'est possible !* Presses universitaires de France.

[24] International Finance Corporation, IFC, (**1998**), *Lessons of experience Number 6, Financial institutions*, IFC, 1818 H Street, N.W. Washington D.C. 20433, U.S.A.

[25] KRUEGER Anne O., (**1983**), *Exchange-Rate Determination*, Cambridge University Press.

[26] Mishkin Frederic, (**2007**), *Monnaie, banque et marchés financiers*, 8e édition, Nouveaux Horizons.

[27] Moutngui Ngi Frieda, (**2003**), *Monnaie et reconstruction de l'Église africaine, Réflexion théologique et éthique à la lumière de Aggée 2 :8*, Éditions CLE.

[28] Nations Unies, Commission économique pour l'Afrique, (1989), *Cadre africain de référence pour le programme d'ajustement structurel en vue du redressement et de la transformation socio-économiques*

[29] Nezeys Bertrand, (**1993**), *La compétitivité internationale*, ECONOMICA.

[30] OSUNSADE F. L. et GLEASON Paul, (mars 1992), *L'aide du FMI à l'Afrique subsaharienne*, International monetary Fund, Washington, D. C.

[31] Quatremer Jean, Klau Thomas, (**1999**), *Ces hommes qui ont fait l'euro*, Plon.

[32] Semedo Gervasio, Villieu Patrick, (**1997**), *La zone franc, mécanismes et perspectives macroéconomiques*, ellipses/édition marketing S.A.

[33] Serageldin Isnail, (**1989**), *PAUVRETÉ, AJUSTEMENT et CROISSANCE en Afrique, Banque internationale pour la reconstruction et le développement/Banque mondiale.*

[34] The economic development institute of the World Bank, The Johns Hopkins University Press, Baltimore and London, (**1987**), *Rural financial markets in developing countries, Their use and abuse, EDI Series in Economic development.*

[35] The Economist, (**May 26TH-June 1ST 2012**) *Break-up Superstate, Is there a better way for Europe ?* The Economist, Middle East and Africa, volume 408 Number 8786 Economist.com/email

[36] TORRIE Jill, (**1983***), Banking on Poverty, The Global Impact of the IMF & World Bank*, Between The Lines, Toronto, Ontario, Canada.

[37] VALLÉE Olivier, (**1989**), *Le prix de l'argent CFA Heurs et malheurs de la zone franc,* Éditions KARTHALA, Paris.

[38] Variances La revue des anciens élèves de l'Ensae n°12, (**avril 1998**), *Spécial colloque L'EURO : Un défi pour la France,* Variances Arnaud Millien, 66, rue Marcel Miquel, 92130 Issy-les-Moulineaux.

[39] Vinay Bernard, (**1988**), *Zone franc et coopération monétaire, Ministère de la Coopération et du Développement.*

[40] Wolfensohn D. James, (**2001**), *The challenges of Globalization, The role of the World Bank, Address to the Bundestag*, Berlin, Germany.

[41] YUNUS Muhammad, (**1997**), *VERS UN MONDE SANS PAUVRETÉ*, Editions Jean-Claude Lattès, Paris.

Table des matières

Structures éditoriales du groupe L'Harmattan

L'Harmattan Italie
Via degli Artisti, 15
10124 Torino
harmattan.italia@gmail.com

L'Harmattan Hongrie
Kossuth l. u. 14-16.
1053 Budapest
harmattan@harmattan.hu

L'Harmattan Sénégal
10 VDN en face Mermoz
BP 45034 Dakar-Fann
senharmattan@gmail.com

L'Harmattan Cameroun
TSINGA/FECAFOOT
BP 11486 Yaoundé
inkoukam@gmail.com

L'Harmattan Burkina Faso
Achille Somé – tengnule@hotmail.fr

L'Harmattan Guinée
Almamya, rue KA 028 OKB Agency
BP 3470 Conakry
harmattanguinee@yahoo.fr

L'Harmattan RDC
185, avenue Nyangwe
Commune de Lingwala – Kinshasa
matangilamusadila@yahoo.fr

L'Harmattan Congo
219, avenue Nelson Mandela
BP 2874 Brazzaville
harmattan.congo@yahoo.fr

L'Harmattan Mali
ACI 2000 - Immeuble Mgr Jean Marie Cisse
Bureau 10
BP 145 Bamako-Mali
mali@harmattan.fr

L'Harmattan Togo
Djidjole – Lomé
Maison Amela
face EPP BATOME
ddamela@aol.com

L'Harmattan Côte d'Ivoire
Résidence Karl – Cité des Arts
Abidjan-Cocody
03 BP 1588 Abidjan
espace_harmattan.ci@hotmail.fr

Nos librairies en France

Librairie internationale
16, rue des Écoles
75005 Paris
librairie.internationale@harmattan.fr
01 40 46 79 11
www.librairieharmattan.com

Librairie des savoirs
21, rue des Écoles
75005 Paris
librairie.sh@harmattan.fr
01 46 34 13 71
www.librairieharmattansh.com

Librairie Le Lucernaire
53, rue Notre-Dame-des-Champs
75006 Paris
librairie@lucernaire.fr
01 42 22 67 13

www.ingramcontent.com/pod-product-compliance
Lightning Source LLC
LaVergne TN
LVHW011020061026
849535LV00006B/1980
9782336486703